超シンプル！超ラク！

»·›·»»ヒチョル式«‹·‹·«

# 韓国語単語が
# わかる本

チョ・ヒチョル＝著

# はじめに

　韓国旅行を思い切り楽しみたい、好きなアイドルと話したい、仕事で使いたい……。韓国語を勉強する理由はさまざまですが、韓国語をマスターするいちばんの近道は語彙力を高めることです。とはいっても、やみくもにノートに書いて暗唱して覚えるのは大変ですよね。

　本書では、使われやすいシチュエーションに合わせて類似の単語をまとめて紹介します。

　ひとつの単語から芋づる式に覚えることができます。ぜひダジャレとともに気楽に学んでみてください。

　単語がわかるようになると旅行先で見かける看板も読めるようになります。

　例えばこれ。地下鉄の出入口で見かけた看板です。この単語帳で出てくる単語が書かれています。

チュリブク
출입구 出入口

ハナウネン　ウルチロイブク
(하나은행) 을지로입구
(ハナ銀行) 乙支路入口

イ　ホ　ソン
2호선 2号線

東大門歴史文化公園や
市庁、弘大入口などをつ
なぐ地下鉄2号線の「乙
支路入口」駅の8番出口
の看板です。看板には、
英語と日本語表記が書か
れていることも多いです。

英語
中国語
日本語

　街には韓国語があふれています。訪れたらぜひ周りを見渡
して、韓国語を読んでみてください。そしてできれば街の人と
話をしてみましょう。新しい世界が広がって楽しいはずです。

　勉強と堅苦しく考えるのではなく、この本を使って気楽に
単語に触れてみてください。そして韓国語を学ぶ楽しさを
知ってもらえたら嬉しいです。

チョ・ヒチョル

目次

# 第3章　日常生活で使える単語

# 第4章　美容・ファッションで使える単語

# 第5章　趣味・エンタメで使える単語

**これを知っておくとより韓国語がわかる!**
# ヒチョル式 虎の巻

# 本書の使い方

日常会話ができる程度の単語をシチュエーションごとに掲載しています。また、同じジャンルの名詞を集めた、ひと目で覚えられるまとめページもあります。

**単語**
「韓国語能力試験」初級程度の単語を中心に、厳選した約1,200を掲載。ハングルが読めなくても大丈夫なようにカタカナも表記しています。

**ヘヨ体**
会話でよく使われる丁寧語の「ヘヨ体」。日本語の「です・ます」の意味にあたります。

**動詞・形容詞の3パターン活用**
気になる言葉と組み合わせて使えます。くわしい使い方は巻末の146ページで解説。

**例文**
すぐに使える簡単な例文つきです。3パターンの活用のうち、どれを使っているか番号を振っています。

**ヒチョル式ダジャレ**
かわいいイラスト・ゴロ合わせで、楽しく覚えて、忘れない暗記方法です!

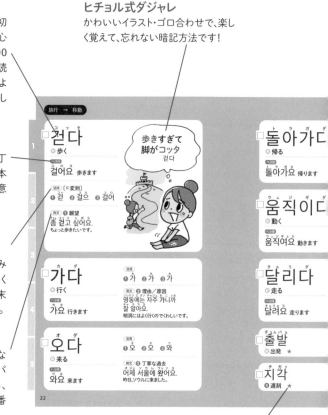

**ハダ動詞・ハダ形容詞**
韓国語で「〜する」は、「〜하다」と書きます。ハダ動詞・ハダ形容詞に変わる単語に「★」をつけています。

 MEMO

ハングルはフォントにより違った文字に見えるものがあります。「ㅊ」「ㅊ」「ㅊ」「ㅊ」は、同じ「치」を表しています。

6

# 序章

韓国語の
きほん

# とても似ている
# 韓国語と日本語

　韓国語と日本語は「よく似ている」と言われています。それは、文法や語順、動詞と形容詞に活用があるところもですが、漢字語の発音なども似ています。

　韓国語は「**ハングル文字**」で表されますが、**ハングル文字は子音や母音といったパーツを組み合わせてできています**。いわゆるローマ字みたいなものです。

　基本のハングルの構造を見てみましょう。

● **子音+母音の組み合わせ**

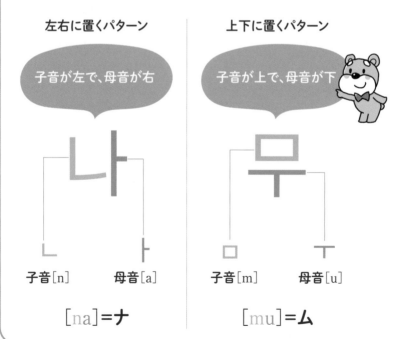

## ●子音+母音+子音 (パッチム) の組み合わせ

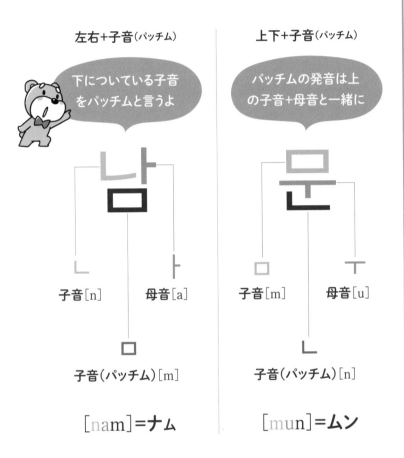

**左右+子音** (パッチム)

> 下についている子音
> をパッチムと言うよ

子音 [n]　　母音 [a]

子音 (パッチム) [m]

[nam]=**ナム**

**上下+子音** (パッチム)

> パッチムの発音は上
> の子音+母音と一緒に

子音 [m]　　母音 [u]

子音 (パッチム) [n]

[mun]=**ムン**

　**パッチムとは、日本語の「っ」「ん」といった詰まる音や、撥ねる音のような音のことです。**パッチムの種類や発音については145ページで紹介しています。

　このように、基本、ハングルは、**母音+子音の組み合わせで音**を表現します。

## 共通点❶ 韓国語の文の作り方

　韓国語と日本語は語順が似ています。順番がほぼ同じなので、単語を覚えてしまえば簡単に文章を作ることができます。

　たとえば「彼は明日ソウルに行きます」を韓国語にすると、下記の通りです。

| 그는 | 내일 | 서울에 | 가요. |
|---|---|---|---|
| **彼は** | **明日** | **ソウルに** | **行きます。** |
| 彼(그)+は(는) | | ソウル(서울)+に(에) | 行く(가다)の丁寧語 |

　語順は日本語と同じですね。ほかにも「は」「に」といった助詞や、動詞の活用形があります。

　では疑問文になると、どうなるのでしょうか?

| 그는 | 내일 | 서울에 | 가요? |
|---|---|---|---|
| **彼は** | **明日** | **ソウルに** | **行きますか?** |

　語尾に「?」がつくだけで、順番は変わりません。韓国語は**日本語と同じような文法のルール**で作られる言葉なのです。

文を作る上で大事なのが「私」や「あなた」といった人称代名詞です。ここでまとめておきましょう。

## 私

|  | 私 | 私は | 私が | 私の |
|---|---|---|---|---|
| 友人・目下に対して | <ruby>나<rt>ナ</rt></ruby> | <ruby>나는<rt>ナ ヌン</rt></ruby> | <ruby>내가<rt>ネ ガ</rt></ruby> | <ruby>내<rt>ネ</rt></ruby> |
| 目上に対して | <ruby>저<rt>チョ</rt></ruby> | <ruby>저는<rt>チョ ヌン</rt></ruby> | <ruby>제가<rt>チェ ガ</rt></ruby> | <ruby>제<rt>チェ</rt></ruby> |

## あなた

|  | あなた | あなたは | あなたが | あなたの |
|---|---|---|---|---|
| 友人・目下に対して | <ruby>너<rt>ノ</rt></ruby> | <ruby>너는<rt>ノ ヌン</rt></ruby> | <ruby>네가<rt>ネ ガ</rt></ruby> | <ruby>네<rt>ネ</rt></ruby> |
| 目上に対して | <ruby>−씨~<rt>ッシ</rt></ruby> さん | <ruby>다나카 씨는(가/의)<rt>タナカ ッシヌン ガ エ</rt></ruby>　田中さんは | | |

## 私たち

|  | 私たち | 私たちは | 私たちが | 私たちの |
|---|---|---|---|---|
| 友人・目下に対して | <ruby>우리<rt>ウ リ</rt></ruby> | <ruby>우리는<rt>ウ リ ヌン</rt></ruby> | <ruby>우리가<rt>ウ リ ガ</rt></ruby> | <ruby>우리(의)<rt>ウ リ エ</rt></ruby> |
| 目上に対して | <ruby>저희<rt>チョ イ</rt></ruby> | <ruby>저희는<rt>チョ イ ヌン</rt></ruby> | <ruby>저희가<rt>チョ イ ガ</rt></ruby> | <ruby>저희<rt>チョ イ</rt></ruby> |

## 彼・彼女

|  | 彼(彼女) | 彼(彼女)は | 彼(彼女)が | 彼(彼女)の |
|---|---|---|---|---|
| 友人・目下に対して | <ruby>그(그녀)<rt>ク クニョ</rt></ruby> | <ruby>그는(그녀는)<rt>ク ヌン クニョヌン</rt></ruby> | <ruby>그가(그녀가)<rt>ク ガ クニョガ</rt></ruby> | <ruby>그의(그녀의)<rt>ク エ クニョエ</rt></ruby> |
| 目上に対して | <ruby>−씨~<rt>ッシ</rt></ruby> さん | <ruby>다나카 씨는(가/의)<rt>タナカ ッシヌン ガ エ</rt></ruby>　田中さんは | | |

## この人・その人・あの人

|  | この人／この方 | その人／その方 | あの人／あの方 |
|---|---|---|---|
| 丁寧 | <ruby>이 사람<rt>イ サラム</rt></ruby> | <ruby>그 사람<rt>ク サラム</rt></ruby> | <ruby>저 사람<rt>チョ サラム</rt></ruby> |
| 敬語 | <ruby>이분<rt>イ ブン</rt></ruby> | <ruby>그분<rt>ク ブン</rt></ruby> | <ruby>저분<rt>チョ ブン</rt></ruby> |

日本語を話す人が「韓国語を覚えやすい」という理由のひとつに、**漢字が起源の「漢字語」の多さ**が上げられます。実は、韓国語の約7割は漢字語が由来です。

一般的に表記は、漢字ではなくハングルで表記しますが、文字ひとつひとつの意味をたどるとわかりやすいです。

## ●単語の成り立ち

メク チュ
**맥주** ビール
麦(맥)+酒(주)

トン ムル
**동물** 動物
動(동)+物(물)

## ●発音

「漢字語」には日本語と発音が似ている単語も多いです。発音から意味を推測することもできます。

ム リ
**무리** 無理

オン ド
**온도** 温度

ト チャク
**도착** 到着

## ●外来語の発音

外来語もハングルで表記します。日本語とは濁音や長音などの発音の仕方が異なりますが、読み方はあまり変わりません。

コ ピ
**커피**
コーヒー

ボ ス
**버스**
バス

エル リ ベ イ ト
**엘리베이터**
エレベーター

ではここでテストです。

下の漢字語をハングル、読み方、意味で結びましょう。

❶ 한국어 [ハングゴ] ・            ・ 動物

❷ 감동 [カムドン] ・            ・ 入国

❸ 운동 [ウンドン] ・            ・ 感動

❹ 입국 [イブクク] ・            ・ 野球

❺ 동물 [トンムル] ・            ・ 韓国語

❻ 야구 [ヤグ] ・            ・ 運動

わかりましたか？　答えはページの下に書いています。

　ここで気づいた方もいると思いますが、❷「감동 [カムドン]」、❸「운동 [ウンドン]」、❺「동물 [トンムル]」は同じ「동 [トン]」というハングルが使われています。これは漢字の「動」を意味するハングルで、「감동（感動）」「운동（運動）」「동물（動物）」でも使われています。

　このように漢字語をひとつ覚えると、芋づる式に覚えることができます。

答え　❶한국어 [ハングゴ]（韓国語）、❷감동 [カムドン]（感動）、❸운동 [ウンドン]（運動）、❹입국 [イブクク]（入国）、❺동물 [トンムル]（動物）、❻야구 [ヤグ]（野球）

# 「名詞」を動詞・形容詞に する便利な言葉

　日本語には、「運動する」「勉強する」といった「名詞+する」で動詞になる言葉がありますが、韓国語にも同じものがあります。それが**ハダ動詞**と呼ばれるものです。
「하다」は、「〜する」という意味があり、「名詞+하다」でひとつの動詞になります。

## 운동하다
**運動する**
運動(운동)+する(하다)

## 공부하다
**勉強する**
勉強(공부)+する(하다)

　同じように「건강하다(健康だ)」「순수하다(純粋だ)」といった、「名詞+하다」で形容詞になる言葉もあります。それが**ハダ形容詞**と呼ばれるものです。
　ここでの「하다」は、「〜だ」という意味になります。

# <ruby>건강<rt>コン ガン</rt></ruby><ruby>하다<rt>ハ ダ</rt></ruby>

**健康だ**

健康（건강）+だ（하다）

# <ruby>순수<rt>スン ス</rt></ruby><ruby>하다<rt>ハ ダ</rt></ruby>

**純粋だ**

純粋（순수）+だ（하다）

「<ruby>하다<rt>ハ ダ</rt></ruby>」は、名詞の後ろにつけるだけで形容詞に変化させます。

　単語と組み合わせるだけで、簡単に動詞や形容詞に変化するので覚えておくと便利です。本書では、ハダ動詞・ハダ形容詞になる単語には「★」マークをつけています。

## ●まだある! ハダ動詞・ハダ形容詞

| | | |
|---|---|---|
| <ruby>식사<rt>シ ク サ</rt></ruby><ruby>하다<rt>ハ ダ</rt></ruby> | **食事する** | 식사=食事 |
| <ruby>인사<rt>イン サ</rt></ruby><ruby>하다<rt>ハ ダ</rt></ruby> | **あいさつする** | 인사=あいさつ |
| <ruby>유행<rt>ユ ヘン</rt></ruby><ruby>하다<rt>ハ ダ</rt></ruby> | **流行する** | 유행=流行 |
| <ruby>중요<rt>チュン ヨ</rt></ruby><ruby>하다<rt>ハ ダ</rt></ruby> | **重要だ** | 중요=重要 |
| <ruby>이상<rt>イ サン</rt></ruby><ruby>하다<rt>ハ ダ</rt></ruby> | **異常だ** | 이상=異常 |
| <ruby>편리<rt>ピョル リ</rt></ruby><ruby>하다<rt>ハ ダ</rt></ruby> | **便利だ** | 편리=便利 |

# 動詞の
# 活用を覚えよう

「行く」が、「行きます」「行きました」「行きません」と変化するように、韓国語の動詞にも活用があります。

● 「行く」の活用形

行く

行きます

行きました

行きません

この変化しない部分＝「가」は語幹といいます。日本語の「行く」だと「行」の部分です。

ちなみに韓国語の動詞はすべて「다」で終わるので、**韓国語の語幹は「다」を取ったもの**だと覚えましょう。

活用形には一定の法則があり、**「3パターン」**と**「語尾の組み合わせ」**で表すことができます。

これはおおよその傾向であり、一部、例外はあります。

# ●動詞の3パターン活用の例

| 基本形 | | 가다<br>カ ダ<br>行く | 먹다<br>モ ク タ<br>食べる |
|---|---|---|---|
| 語幹 | | 가<br>カ | 먹<br>モ ク |
| 活用形❶ | ❶ + 고 싶어요<br>コ シ ポ ヨ<br>〜したいです（願望）<br><br>❶ + 고 있어요<br>コ イ ッソ ヨ<br>〜しています（進行／継続） | 가<br>カ | 먹<br>モ ク |
| 活用形❷ | ❷ + ㅂ시다<br>プ シ ダ<br>〜しましょう（丁寧な誘いかけ）<br><br>❷ + 세요 ?<br>セ ヨ<br>〜しますか?（丁寧な疑問） | 가<br>カ | 먹으<br>モ グ |
| 活用形❸ | ❸ + ㅆ어요<br>ッ ソ ヨ<br>〜しました（丁寧な過去）<br><br>❸ + 요<br>ヨ<br>〜します（丁寧）<br><br>안 + ❸ + 요<br>アン　　　　ヨ<br>〜しません（否定） | 가<br>カ | 먹어<br>モ ゴ |

本書で紹介する「動詞」には、活用形❶❷❸に当てはまる語を入れています。動詞の活用のルールと種類については146ページに載せているので、使い方はそちらを確認してください。

# 形容詞の
# 活用を覚えよう

　動詞と同様に、「美味しい」が「美味しいです」「美味しかった
です」「美味しそうです」と変化するように、韓国語の形容詞にも
活用があります。

● 「美味しい」の活用形

# 맛있다
**美味しい**

# 맛있어요
**美味しいです**

# 맛있었어요
**美味しかったです**

# 맛있겠습니다
**美味しそうです**

　この変化には動詞と同じように一定の法則があり、「3つのパ
ターン」と、「語尾の組み合わせ」で表すことができます。

## ●形容詞の3パターン活用の例

| 基本形 | | 비싸다<br>ピッサダ<br>(値段が)高い | 맛있다<br>マシッタ<br>美味しい |
|---|---|---|---|
| 語幹 | | 비싸<br>ピッサ | 맛있<br>マシッ |
| 活用形❶ | ❶+겠습니다<br>ケッスムニダ<br>〜そうです/でしょう(推測) | 비싸<br>ピッサ | 맛있<br>マシッ |
| 活用形❷ | ❷+니까<br>ニッカ<br>〜から/〜ので(理由/原因)<br>❷+세요<br>セヨ<br>〜ですか?(丁寧な疑問) | 비싸<br>ピッサ | 맛있으<br>マシッス |
| 活用形❸ | 안+❸+요<br>アン ヨ<br>〜ありません(否定)<br>❸+써어요<br>ッソヨ<br>〜かったです(丁寧な過去)<br>❸+요<br>ヨ<br>〜です(丁寧) | 비싸<br>ピッサ | 맛있어<br>マシッソ |

本書で紹介する「形容詞」には、活用形❶❷❸に当てはまる語を入れています。形容詞の活用のルールと種類については146ページに載せているので、使い方はそちらを確認してください。

# 会話で出てくる
# 韓国語を使いこなそう

　韓国では年上・目上の方に対して敬語を使います。動詞を単語で覚えるより、日本語の「です・ます」調にあたる、**ヘヨ体**「아요／어요」と、**ハムニダ体**「ㅂ니다／습니다」で覚えておくと、会話の中で使いやすいです。

## ●ヘヨ体とハムニダ体
　ヘヨ体は丁寧、ハムニダ体はより丁寧な言い方です。

|  |  | ヘヨ体 | ハムニダ体 |
|---|---|---|---|
| 行く | 가다 | 가요 | 갑니다 |
| 食べる | 먹다 | 먹어요 | 먹습니다 |

## ●パンマル
　同い年や目下の親しい人との会話で使う、くだけた言葉づかいの「パンマル」があります。これは本当に親しい人同士が使う、日本語で言う「タメロ」に近いものです。どれだけ親しくても、目上の人に対しては失礼に当たるので使ってはいけません。注意しましょう。

|  | ヘヨ体 | パンマル |
|---|---|---|
| 가다<br>行く | 가요<br>行きます | 가<br>行くよ |
| 좋아하다<br>好きだ | 좋아해요<br>好きです | 좋아해<br>好きだよ |

# 第 1 章

# 旅行で
# 使える
# 単語

## 걷다
コッ　タ

動 歩く

**ヘヨ体**
걸어요 歩きます
コ　ロ　ヨ

**活用** 〔ㄷ変則〕
❶걷 ❷걸으 ❸걸어
コッ　　コル　　コ　ロ

**例文** ❶願望
チョム　コッコ　シ　ポ　ヨ
좀 걷고 싶어요.
ちょっと歩きたいです。

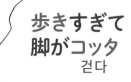

歩きすぎて
脚がコッタ
걷다

## 가다
カ　ダ

動 行く

**ヘヨ体**
가요 行きます
カ　ヨ

**活用**
❶가 ❷가 ❸가
カ　　カ　　カ

**例文** ❷理由／原因
ミョンドン エ ヌン チャジュ カ ニ ッカ
명동에는 자주 가니까
チャ ラ ラ ヨ
잘 알아요.
明洞にはよく行くのでくわしいです。

## 오다
オ　ダ

動 来る

**ヘヨ体**
와요 来ます
ワ　ヨ

**活用**
❶오 ❷오 ❸와
オ　　オ　　ワ

**例文** ❸丁寧な過去
オ ジェ ソ ウル レ ワッソ ヨ
어제 서울에 왔어요.
昨日、ソウルに来ました。

22

□ 돌아가다
ト ラ ガ ダ

動 帰る

ヘヨ体
돌아가요 帰ります
ト ラ ガ ガヨ

活用
① 돌아가 ② 돌아가 ③ 돌아가
　ト ラ ガ 　 ト ラ ガ 　 ト ラ ガ

例文 ② 丁寧な誘いかけ
호텔로 돌아갑시다.
ホ テ ル ロ ト ラ ガプ シ ダ
ホテルへ帰りましょう。

□ 움직이다
ウ ム ジ ギ ダ

動 動く

ヘヨ体
움직여요 動きます
ウ ム ジ ギョ ヨ

活用
① 움직이 ② 움직이 ③ 움직여
　ウ ム ジ ギ 　 ウ ム ジ ギ 　 ウ ム ジ ギョ

例文 ③ 試み
몸을 움직여 보세요.
モ ムル ウ ム ジ ギョ ボ セ ヨ
体を動かしてみてください。

□ 달리다
タ ル リ ダ

動 走る

ヘヨ体
달려요 走ります
タ ル リョ ヨ

活用
① 달리 ② 달리 ③ 달려
　タ ル リ 　 タ ル リ 　 タ ル リョ

例文 ② 仮定
달리면 건강에 좋아요.
タ ル リ ミョン コン ガン エ チョ ア ヨ
走ると健康にいいです。

□ 출발
チュ ル バ ル

動 出発 ★

□ 도착
ト チャク

動 到着 ★

□ 지각
チ ガ ク

名 遅刻 ★

□ 운전
ウン ジョン

名 運転 ★

## □ 멀다
モ ル ダ

**形** 遠い

〜〜〜〜〜〜〜〜〜〜〜〜〜〜〜〜

**ヘヨ体**
멀어요 遠いです
モ ロ ヨ

〜〜〜〜〜〜〜〜〜〜〜〜〜〜〜〜

**活用**〔ㄹ語幹〕
❶ 멀/머 ❷ 멀/머 ❸ 멀어
モル モ　　モル モ　　　モ ロ

〜〜〜〜〜〜〜〜〜〜〜〜〜〜〜〜

**例文 ❶ 推測**
백화점은 호텔에서
ペ クァジョムン ホ テ レ ソ
멀겠습니다.
モルゲッスムニ ダ
百貨店はホテルから遠そうです。

遠いところの
ショッピングモルダ
（モールだ）멀다

---

## □ 가깝다
カ ッ カ プ タ

**形** 近い

**ヘヨ体**
가까워요 近いです
カ ッ カ ウォ ヨ

**活用**〔ㅂ変則〕
❶ 가 깝 ❷ 가까우 ❸ 가까워
カ ッカプ　　カッカ ウ　　　カッカウォ

〜〜〜〜〜〜〜〜〜〜〜〜〜〜〜〜

**例文 ❸ 理由／原因**
역에서 가까워서 편리해요.
ヨ ゲソ カッカウォソ ピョルリ ヘ ヨ
駅から近くて便利です。

---

## □ 나오다
ナ オ ダ

**動** 出る

**ヘヨ体**
나와요 出ます
ナ ワ ヨ

**活用**
❶ 나오 ❷ 나오 ❸ 나와
ナ オ　　ナ オ　　ナ ワ

〜〜〜〜〜〜〜〜〜〜〜〜〜〜〜〜

**例文 ❷ 要請**
내일은 천천히 나오세요.
ネ イルン チョンチョニ ナ オ セ ヨ
明日はゆっくり出てきてください。

□ **걸리다** <sup>コ</sup> <sup>ル</sup> <sup>リ</sup> <sup>ダ</sup>
動 (時間などが)かかる

ヘヨ体
コルリョヨ
**걸려요** かかります

活用
❶ コルリ **걸리**  ❷ コルリ **걸리**  ❸ コルリョ **걸려**

例文 ❸ 丁寧
トゥ シ ガンチュム コルリョ ヨ
**두 시간쯤 걸려요.**
2時間くらいかかります。

---

□ **늦다** <sup>ヌッ</sup> <sup>タ</sup>
形 遅い

ヘヨ体
ヌジョヨ
**늦어요** 遅いです

活用
❶ ヌッ **늦**  ❷ ヌジュ **늦으**  ❸ ヌジョ **늦어**

例文 ❸ 条件
チュルバルン ヌジョ ド クェンチャナ ヨ
**출발은 늦어도 괜찮아요.**
出発は遅れても大丈夫です。

---

□ **빠르다** <sup>ッ</sup> <sup>パ</sup> <sup>ル</sup> <sup>ダ</sup>
形 速い

ヘヨ体
ッパルラヨ
**빨라요** 速いです

活用 〔르変則〕
❶ ッパルル **빠르**  ❷ ッパルル **빠르**  ❸ ッパルラ **빨라**

例文 ❶ 逆接
テクシ ヌン ッパル ジ マン ピッサ ヨ
**택시는 빠르지만 비싸요.**
タクシーは速いけど高いです。

---

□ **이르다** <sup>イ</sup> <sup>ル</sup> <sup>ダ</sup>
形 早い

ヘヨ体
イルロヨ
**일러요** 早いです

活用 〔르変則〕
❶ イル **이르**  ❷ イル **이르**  ❸ イルロ **일러**

例文 ❸ 丁寧
チュルバル シ ガ ニ メ ウ イルロ ヨ
**출발 시간이 매우 일러요.**
出発時刻がとても早いです。

旅行

気持ちを伝える

日常生活

美容・ファッション

趣味・エンタメ

25

## 앉 다
（アン タ）

動 座る

へヨ体
앉아요 座ります
（アンジャヨ）

活用
❶ 앉（アン） ❷ 앉으（アンジュ） ❸ 앉아（アンジャ）

例文 ❷ 要請
여기 앉으세요.
（ヨギ アンジュセヨ）
ここに座ってください。

座るといいよ、
アンタ
앉 다

## 타 다
（タ ダ）

動 乗る

へヨ体
타요 乗ります
（タヨ）

活用
❶ 타（タ） ❷ 타（タ） ❸ 타（タ）

例文 ❸ 許諾／許容
버스를 타도 돼요?
（ポスルル タド ドゥェヨ）
バスに乗ってもいいですか?

## 내리다
（ネ リ ダ）

動 降りる

へヨ体
내려요 降ります
（ネリョヨ）

活用
❶ 내리（ネリ） ❷ 내리（ネリ） ❸ 내려（ネリョ）

例文 ❸ 丁寧な過去
서울역에서 내렸어요.
（ソ ウルリョゲソ ネリョッソヨ）
ソウル駅で降りました。

□ **멈추다**
モ ム チュ ダ

動 止まる

ヘヨ体
멈춰요 止まります
モ ム チュォ ヨ

活用
① 멈추 モムチュ
② 멈추 モムチュ
③ 멈춰 モムチュォ

例文 ③ 丁寧な過去
전철이 잠시 **멈췄어요**.
チョンチョリ チャム シ モムチョッソ ヨ
しばらく電車が止まりました。

□ **기다리다**
キ ダ リ ダ

動 待つ

ヘヨ体
기다려요 待ちます
キ ダ リョ ヨ

活用
① 기다리 キダリ
② 기다리 キダリ
③ 기다려 キダリョ

例文 ① 進行／継続
가이드가 **기다리**고 있어요.
カ イ ドゥガ キ ダ リ ゴ イッ ソ ヨ
ガイドが待っています。

□ **서다**
ソ ダ

動 停まる／立つ

ヘヨ体
서요 停まります
ソ ヨ

活用
① 서 ソ
② 서 ソ
③ 서 ソ

例文 ③ 丁寧
버스는 저기에 **서요**.
ボ ス ヌン チョ ギ エ ソ ヨ
バスはあそこに停まります。

□ **자리**
チャ リ

名 席

□ **노약자석**
ノ ヤクチャソク

名 優先席

□ **손잡이**
ソンジャビ

名 手すり

□ **정체**
チョンチェ

名 渋滞 ★

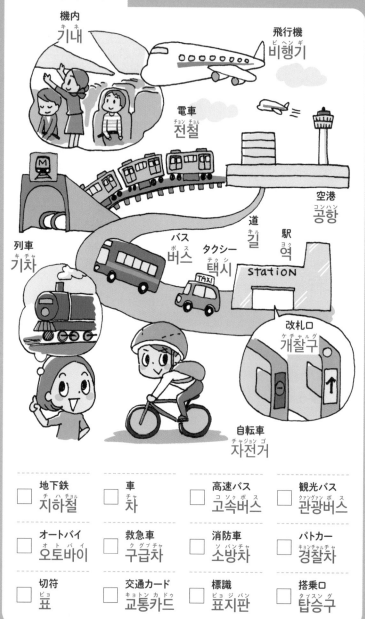

機内
キ ネ
기내

飛行機
ビ ヘン ギ
비행기

電車
チョン チョル
전철

空港
コン ハン
공항

列車
キ チャ
기차

バス
ボ ス
버스

タクシー
テク シ
택시

道
キル
길

駅
ヨク
역

STATION

改札口
ケ チャル グ
개찰구

自転車
チャ ジョン ゴ
자전거

地下鉄
チ ハ チョル
지하철

車
チャ
차

高速バス
コ ソク ボ ス
고속버스

観光バス
クァングァン ボ ス
관광버스

オートバイ
オ ト バ イ
오토바이

救急車
ク グプ チャ
구급차

消防車
ソ バン チャ
소방차

パトカー
キョンチャル チャ
경찰차

切符
ピョ
표

交通カード
キョトン カ ドゥ
교통카드

標識
ピョ ジ バン
표지판

搭乗口
タプ スン グ
탑승구

遊園地
ノ リ ゴンウォン
놀이공원

病院
ビョンウォン
병원

カフェ
カ ペ
카페

コンビニ
ピョ ニ ジョム
편의점

銀行
ウ ネン
은행

□ 店
カ ゲ
가게

□ スーパー
シュ ボ
슈퍼

□ 市場
シ ジャン
시장

□ 広場
クァンジャン
광장

□ 免税店
ミョン セ ジョム
면세점

□ 食堂
シクタン
식당

□ 薬局
ヤッ クク
약국

□ 警察署
キョンチャル ソ
경찰서

□ 公園
コンウォン
공원

□ 劇場
クク ジャン
극장

□ 博物館
パン ムル グヮン
박물관

□ 映画館
ヨンフヮグヮン
영화관

☐ **찾다**
チャッタ

**動** 探す

**ヘヨ体**
**찾아요** 探します
チャジャヨ

**活用**
① **찾** ② **찾으** ③ **찾아**
チャッ　　チャジュ　　チャジャ

**例文** ① 進行/継続
**호텔을 찾고 있어요.**
ホ テ ル ル　チャッコ　イッソ ヨ
ホテルを探しています。

探しチャッタよ
찾다

やっと見つけた〜!!

☐ **헤매다**
ヘ メ ダ

**動** 迷う

**ヘヨ体**
**헤매요** 迷います
ヘ メ ヨ

**活用**
① **헤매** ② **헤매** ③ **헤매**
ヘメ　　　ヘメ　　　ヘメ

**例文** ③ 丁寧な過去
**길을 몰라 헤맸어요.**
キ ル ル　モ ル ラ　ヘ メッソ ヨ
道がわからなくて迷いました。

☐ **곤란하다**
コ ル ラ ナ ダ

**形** 困る

**ヘヨ体**
**곤란해요** 困ります
コ ル ラ ネ ヨ

**活用**
① **곤란하** ② **곤란하** ③ **곤란해**
コルラナ　　　コルラナ　　　コルラネ

**例文** ③ 丁寧
**시간이 없어 곤란해요.**
シ ガ ニ　オプソ　コ ル ラ ネ ヨ
時間がなくて困ります。

□ **돌다**<br>
トルダ<br>
動 回る／曲がる

ヘヨ体<br>
**돌아요** 回ります<br>
トラヨ

活用 〔ㄹ語幹〕<br>
❶ 돌/도 ❷ 돌/도 ❸ 돌아<br>
トル ト　　 トル ト　　 トラ

例文 ❷ 仮定<br>
저기서 **돌면** 돼요.<br>
チョ ギ ソ トルミョン ドゥェ ヨ<br>
そこで回ればいいです。

---

□ **오르다**<br>
オルダ<br>
動 登る／上がる

ヘヨ体<br>
**올라요** 登ります<br>
オルラ ヨ

活用 〔르変則〕<br>
❶ 오르 ❷ 오르 ❸ 올라<br>
オル　　 オ ル　　 オルラ

例文 ❶ 願望<br>
설악산에 **오르고** 싶어요.<br>
ソ ラ ク サ ネ オルゴ シ ポ ヨ<br>
雪岳山に登りたいです。

---

□ **방문하다**<br>
パンムナダ<br>
動 訪問する

ヘヨ体<br>
**방문해요** 訪問します<br>
パンム ネ ヨ

活用<br>
❶ 방문하 ❷ 방문하 ❸ 방문해<br>
パンムナ　　 パンムナ　　 パンムネ

例文 ❶ 願望<br>
기회가 되면<br>
キ フェ ガ トゥェミョン<br>
또 **방문하고** 싶어요.<br>
ット パン ム ナ ゴ シ ポ ヨ<br>
機会があればまた、訪問したいです。

---

□ **도로**<br>
ト ロ<br>
名 道路

□ **신호**<br>
シ ノ<br>
名 信号

□ **안내소**<br>
アン ネ ソ<br>
名 案内所

□ **간판**<br>
カン パン<br>
名 看板

気持ちを伝える

日常生活

美容・ファッション

趣味・エンタメ

|  | こ | そ | あ | ど |
|---|---|---|---|---|
| もの／こと | この<br>イ<br>이 | その<br>ク<br>그 | あの<br>チョ<br>저 | どの<br>オヌ<br>어느 |
| もの／こと | これ<br>イゴ<br>이거 | それ<br>クゴ<br>그거 | あれ<br>チョゴ<br>저거 | どれ<br>オヌ ゴッ<br>어느 것 |
| 場所 | ここ<br>ヨギ<br>여기 | そこ<br>コギ<br>거기 | あそこ<br>チョギ<br>저기 | どこ<br>オディ<br>어디 |
| 方向 | こちら<br>イッチョク<br>이쪽 | そちら<br>クッチョク<br>그쪽 | あちら<br>チッチョク<br>저쪽 | どちら<br>オ ヌッチョク<br>어느쪽 |
| 様子 | こんな<br>イ ロン<br>이런 | そんな<br>ク ロン<br>그런 | あんな<br>チョロン<br>저런 | どんな<br>オットン<br>어떤 |

こそあど言葉は、場所や状態、程度を表すよ

MEMO

「이」「그」「저」「어느」に「거」「쪽」「기」などをつけると、モノや人、場所を指すことができます。「ここはどこですか？」の場合は「여기는 어디입니까？」となります。日常会話によく出てくるので、覚えておくと便利です。

北(側)
ブ ク ッチョク
북쪽

西(側)
ソ ッチョク
서쪽

東(側)
トン チョク
동쪽

位置が言えると
迷っても
困らなくなるね

南(側)
ナ ム チョク
남쪽

☐ 方向
バンヒャン
방향

☐ 位置
ウィ チ
위치

☐ 現在地
ヒョンウィ チ
현위치

☐ 定位置
チョンウィ チ
정위치

☐ 上
ウィ
위

☐ 下
ア レ
아래

☐ 真下
ミッ
밑

☐ 右(側)
オ ルン チョク
오른쪽

☐ 左(側)
ウェン チョク
왼 쪽

☐ 中
アン
안

☐ 横
ヨプ
옆

☐ 前
アプ
앞

☐ 後ろ
トゥィ
뒤

☐ 外
バク
밖

旅行 / 気持ちを伝える / 日常生活 / 美容・ファッション / 趣味・エンタメ

33

1

□ **있다**
イッ タ
動 いる／ある

時間があると
イッタ（言った）
있다

〔ヘヨ体〕
**있어요** います
イッ ソ ヨ

〔活用〕
❶ **있** ❷ **있으** ❸ **있어**
イッ   イッ ス   イッ ソ

〔例文〕❶ 願望
ヨ ギ チョムド イッコ シ ポ ヨ
**여기 좀 더 있고 싶어요.**
ここにもうちょっといたいです。

2

□ **없다**
オ ブ タ
形 ない／いない

〔ヘヨ体〕
**없어요** ありません
オ ブ ソ ヨ

〔活用〕
❶ **없** ❷ **없으** ❸ **없어**
オ ブ   オ ブ ス   オ ブ ソ

〔例文〕❷ 仮定
ヤクソ ギ オ ブ ス ミョン カ チ カ ヨ
**약속이 없으면 같이 가요.**
約束がなければいっしょに行きましょう。

3

□ **높다**
ノ ブ タ
形 高い

〔ヘヨ体〕
**높아요** 高いです
ノ バ ヨ

〔活用〕
❶ **높** ❷ **높으** ❸ **높아**
ノ ブ   ノ ブ   ノ バ

〔例文〕❸ 丁寧
ク ビルディング ン ノ バ ヨ
**그 빌딩은 높아요.**
あのビルは高いです。

4

5

34

□ **낮다**
形 低い

ヘヨ体
낮아요 低いです

活用
① 낮 ② 낮으 ③ 낮아

例文 ① 羅列／順序
높이가 낮고 바닥이 넓어요.
高さが低く、底が広いです。

---

□ **깊다**
形 深い

ヘヨ体
깊어요 深いです

活用
① 깊 ② 깊으 ③ 깊어

例文 ① 推測
이 호수는 깊겠습니다.
この湖は深そうです。

---

□ **얕다**
形 浅い

ヘヨ体
얕아요 浅いです

活用
① 얕 ② 얕으 ③ 얕아

例文 ③ 理由／原因
수심이 얕아서 안심이에요.
水深は浅いので安心です。

---

□ **바다**
名 海

□ **산**
名 山

□ **강**
名 川

□ **숲**
名 森

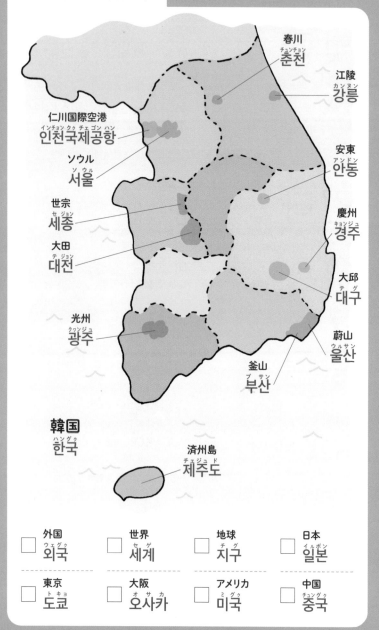

春川
チュンチョン
춘천

江陵
カンヌン
강릉

仁川国際空港
インチョン クク チェ ゴン ハン
인천국제공항

ソウル
ソ ウル
서울

安東
アンドン
안동

世宗
セ ジョン
세종

大田
テ ジョン
대전

慶州
キョンジュ
경주

大邱
テ グ
대구

光州
クンジュ
광주

蔚山
ウルサン
울산

釜山
プ サン
부산

韓国
ハングク
한국

済州島
チェ ジュ ド
제주도

| | | | |
|---|---|---|---|
| ☐ 外国<br>ウェグク<br>외국 | ☐ 世界<br>セ ゲ<br>세계 | ☐ 地球<br>チ グ<br>지구 | ☐ 日本<br>イルボン<br>일본 |
| ☐ 東京<br>ト キョ<br>도쿄 | ☐ 大阪<br>オ サ カ<br>오사카 | ☐ アメリカ<br>ミ グク<br>미국 | ☐ 中国<br>チュング ク<br>중국 |

# まとめ｜地名（ソウル市内）

## ソウル市内
### 서울시내
ソウル シ ネ

- 三清洞 サムチョンドン 삼청동
- 北村 ブクチョン 북촌
- 南山 ナムサン 남산
- 市庁・光化門 シチョン・クァンファムン 시청・광화문
- 明洞 ミョンドン 명동
- 仁寺洞・鍾路 インサドン・チョンノ 인사동・종로
- 金浦国際空港 キンポグクチェゴンハン 김포국제공항
- 東大門 トンデムン 동대문
- 弘大 ホンデ 홍대
- 梨大 イデ 이대
- 漢江 ハンガン 한강
- 梨泰院 イテウォン 이태원
- 汝矣島 ヨイド 여의도
- 新沙洞 シンサドン 신사동
- 狎鴎亭 アブクジョン 압구정
- 清潭洞 チョンダムドン 청담동
- 江南 カンナム 강남

MEMO

韓国内は鉄道や飛行機、長距離バスを使って移動できます。なかでもソウル～釜山を約2時間30分で結ぶ「KTX」は便利です。ソウル市内は地下鉄が大活躍。9つの路線があり、各駅に番号が振られているので旅行者でもわかりやすいです。

旅行

気持ちを伝える

日常生活

美容・ファッション

趣味・エンタメ

# 자다
チャ ダ

動 寝る

へヨ体
자요 寝ます
チャ ヨ

活用
❶자 ❷자 ❸자
チャ　チャ　チャ

例文 ❶ 羅列／順序
일찍 자고 일찍
イルッチク チャ ゴ イルッチク
일어나요.
イ ロ ナ ヨ
早く寝て、早く起きます。

寝る前の
おすすめの
おチャダ（お茶）
자다

# 쉬다
シュイ ダ

動 休む

へヨ体
쉬어요 休みです
シュイ オ ヨ

活用
❶쉬 ❷쉬 ❸쉬어
シュイ　シュイ　シュイ オ

例文 ❶ 自分の意志／推測
오늘은 회사 쉬겠습니다.
オ ヌルン フェ サ シュイゲッスム ニ ダ
今日は会社を休みます。

# 묵다
ムク タ

動 泊まる

へヨ体
묵어요 泊まります
ム ゴ ヨ

活用
❶묵 ❷묵으 ❸묵어
ムク　ム グ　ム ゴ

例文 ❸ 試み
한옥에 한 번 묵어
ハ ノ ゲ ハン ボン ム ゴ
보세요.
ボ セ ヨ
一度、韓屋に泊まってみてください。

□ **일어나다**
動 起きる

**ヘヨ体**
**일어나요** 起きます

活用
❶ 일어나 ❷ 일어나 ❸ 일어나

例文 ❶ 決心
내일 일찍 일어나기로 해요.
明日は早く起きることにしました。

旅行

気持ちを伝える

日常生活

美容・ファッション

趣味・エンタメ

---

□ **추가**
名 追加 ★

POINT
「추가 공연」(追加公演)、「추가 주문」(追加注文)など、「추가」の後ろに名詞をつけても使います。

□ **호텔**
名 ホテル

□ **프론트**
名 フロント

□ **로비**
名 ロビー

□ **비상구**
名 非常口

□ **엘리베이터**
名 エレベーター

□ **계단**
名 階段

□ **와이파이**
名 Wi-Fi

□ **보증금**
名 保証金

□ **빈방**
名 空室

□ **온돌방**
名 オンドルの部屋

## 마시다
マ　シ　ダ

動 飲む

**へヨ体**
마셔요 飲みます
マ　ショ　ヨ

**活用**
❶ 마시 ❷ 마시 ❸ 마셔
　マシ　　マシ　　マショ

**例文** ❸ 試み
이 막걸리를 마셔 보세요.
イ　マッコルリルル　マショ　ボ　セ　ヨ
このマッコリを飲んでみてください。

これを飲むのが
マシダ（ましだ）
마시다

---

## 먹다
モ　ク　タ

動 食べる

**へヨ体**
먹어요 食べます
モ　ゴ　ヨ

**活用**
❶ 먹 ❷ 먹으 ❸ 먹어
　モク　　モグ　　モゴ

**例文** ❷ 移動の目的
점심을 먹으러 가요.
チョムシムル　モグロ　カ　ヨ
昼ご飯を食べに行きました。

---

## 맛보다
マッ　ポ　ダ

動 味わう／経験する

**へヨ体**
맛봐요 味わいます
マッポヮ　ヨ

**活用**
❶ 맛보 ❷ 맛보 ❸ 맛봐
　マッポ　　マッポ　　マッポヮ

**例文** ❷ 要請
양념치킨을 한 번
ヤンニョム チ キ ヌル ハン ボン
맛보세요.
マッ ポ セ ヨ
ちょっとヤンニョムチキンを味見してください。

□ **배고프다**
ペ ゴ プ ダ

形 お腹がすいている

ヘヨ体
**배고파요** お腹がすいています
ペ ゴ パ ヨ

活用 [으変則]
❶ **배고프** ❷ **배고프** ❸ **배고파**
ペゴプ　　　 ペゴプ　　　 ペゴパ

例文 ❸ 理由／原因
ペ ゴ パ ソ　 マ ニ　 モ ゴッ ソ ヨ
**배고파서 많이 먹었어요.**
お腹が空いたのでたくさん食べました。

□ **배부르다**
ペ ブ ル ダ

形 お腹がいっぱいだ

ヘヨ体
**배불러요** お腹がいっぱいです
ペ ブル ロ ヨ

活用 [르変則]
❶ **배부르** ❷ **배부르** ❸ **배불러**
ペ ブ ル　　　 ペ ブ ル　　　 ペ ブル ロ

例文 ❸ 条件
ペ ブル ロ ド チョグム ド モッコ
**배불러도 조금 더 먹고**
シ ポ ヨ
**싶어요.**
お腹いっぱいですが、もう少し食べたいです。

□ **싱겁다**
シン ゴ プ タ

形 味が薄い

ヘヨ体
**싱거워요** 味が薄いです
シン ゴ ウォ ヨ

活用 [ㅂ変則]
❶ **싱겁** ❷ **싱거우** ❸ **싱거워**
シンゴプ　　　 シン ゴ ウ　　　 シン ゴ ウォ

例文 ❸ 条件
チョム シン ゴ ウォ ド クェンチャ ナ ヨ
**좀 싱거워도 괜찮아요.**
ちょっと薄くても大丈夫です。

□ **진하다**
チ ナ ダ

形 濃い／こってりしている

ヘヨ体
**진해요** 濃いです
チ ネ ヨ

活用
❶ **진하** ❷ **진하** ❸ **진해**
チ ナ　　　 チ ナ　　　 チ ネ

例文 ❷ 現在連体形
チ ナン コ ピルル チョ ア ヘ ヨ
**진한 커피를 좋아해요.**
濃いコーヒーが好きです。

気持ちを伝える

日常生活

美容・ファッション

趣味・エンタメ

食事 → 注文

□ **많다**
マン　タ

(形) 多い

ヘヨ体
**많아요** 多いです
マ　ナ　ヨ

活用
❶ 많 ❷ 많으 ❸ 많아
　マン　　マ ヌ　　　マ ナ

例文 ❸ 丁寧
그 식당의 반찬은 많아요.
ク　シクタンエ　パンチャヌン　マ ナ ヨ
その食堂のおかずは多いです。

多いのはマンタ
많다

---

□ **적다**
チョク　タ

(形) 少ない

ヘヨ体
**적어요** 少ないです
チョ ゴ ヨ

活用
❶ 적 ❷ 적으 ❸ 적어
　チョク　　チョグ　　　チョゴ

例文 ❸ 丁寧
양이 좀 적어요.
ヤン イ　チョム　チョ ゴ ヨ
ちょっと量が少ないです。

---

□ **고르다**
コ　ル　ダ

(動) 選ぶ

ヘヨ体
**골라요** 選びます
コルラ ヨ

活用 〔르変則〕
❶ 고르 ❷ 고르 ❸ 골라
　コル　　　コル　　　コル ラ

例文 ❶ 願望
맛있는 메뉴를 고르고
マ シン ヌン　メニュルル　コル ゴ
싶어요.
シ ボ ヨ
おいしいメニューを選びたいです。

42

## 남다
ナム　タ

**動** 残る

**ヘヨ体**
남아요 残ります
ナ　マ　ヨ

**活用**
① 남 ② 남으 ③ 남아
ナム　　　ナ　ム　　　ナ　マ

**例文** ① 推測
음식이 많이 남겠습니다.
ウム シ ギ　マ ニ　ナムケッスム ニ ダ
たくさんの料理が残りそうです。

---

## 뜨겁다
ットゥ　ゴプ　タ

**形** 熱い

**ヘヨ体**
뜨거워요 熱いです
ットゥ ゴ ウォ ヨ

**活用** 〔ㅂ変則〕
① 뜨겁 ② 뜨거우 ③ 뜨거워
ットゥ ゴプ　　ットゥ ゴ ウ　　ットゥ ゴ ウォ

**例文** ③ 丁寧
찌개가 아직 뜨거워요.
ッチ ゲ ガ　ア ジク ットゥ ゴ ウォ ヨ
チゲはまだ熱すぎます。

---

## 차다
チャ　ダ

**形** 冷たい

**ヘヨ体**
차요 冷たいです
チャ ヨ

**活用**
① 차 ② 차 ③ 차
チャ　　チャ　　チャ

**例文** ③ 条件
물은 안 차도 괜찮아요.
ム ルン　アン チャド クェンチャ ナ ヨ
水は冷たくなくても大丈夫です。

---

## 리필
リ　ピ ル

**名** お代わり ★

## 강추
カン チュ

**名** イチオシ ★

## 식사
シ ク サ

**名** 食事 ★

## 주문
チュ ムン

**名** 注文 ★

## □ 맵다
メプタ

形 辛い

ヘヨ体
매워요 辛いです
メ ウォ ヨ

活用 〔ㅂ変則〕
❶ 맵 ❷ 매우 ❸ 매워
メプ　　　 メ ウ　　　 メ ウォ

例文 ❸ 条件
김치는 좀 매워도
キム チ ヌン チョム メ ウォ ド
괜찮아요.
クェンチャ ナ ヨ
キムチはちょっと辛くても大丈夫です。

これは辛い
メプタ(メッタメタ)に
맵다

## □ 달다
タル ダ

形 甘い

ヘヨ体
달아요 甘いです
タ ラ ヨ

活用 〔ㄹ語幹〕
❶ 달/다 ❷ 달/다 ❸ 달아
タル タ　　　 タル タ　　　 タ ラ

例文 ❸ 理由／原因
이 포도는 달아서
イ ポ ド ヌン タ ラソ
맛있어요.
マ シッソ ヨ
このブドウは甘くて美味しいです。

## □ 맛있다
マ シッ タ

形 美味しい

ヘヨ体
맛있어요 美味しいです
マ シッソ ヨ

活用
❶ 맛있 ❷ 맛있으 ❸ 맛있어
マ シッ　　　 マ シッス　　 マ シッソ

例文 ❸ 理由／原因
맛있어서 많이 먹었어요.
マ シッソ ソ マ ニ モ ゴッ ソ ヨ
美味しくてたくさん食べました。

□ **맛없다**
マ ド プ タ

㊡ まずい

〈ヘヨ体〉
**맛없어요** まずいです
マ ド プ ソ ヨ

活用
❶ **맛없** ❷ **맛없으** ❸ **맛없어**
マ ド プ / マ ド プ ス / マ ド プ ン

例文 ❸ 理由／原因
**맛없어서 조금밖에 안**
マ ド プ ソ ソ チョグムパッケ アン
**먹었어요.**
モ ゴッ ソ ヨ
まずかったので少ししか食べませんでした。

---

□ **짜다**
ッチャ ダ

㊡ 塩辛い／ケチだ

〈ヘヨ体〉
**짜요** 塩辛いです
ッチャ ヨ

活用
❶ **짜** ❷ **짜** ❸ **짜**
ッチャ / ッチャ / ッチャ

例文 ❶ 羅列／順序
**이 김치는 좀 짜고**
イ キムチ ヌン チョム ッチャゴ
**달아요.**
タ ラ ヨ
このキムチはちょっと甘じょっぱいです。

---

□ **시다**
シ ダ

㊡ 酸っぱい

〈ヘヨ体〉
**시어요** 酸っぱいです
シ オ ヨ

活用
❶ **시** ❷ **시** ❸ **시어**
シ / シ / シ オ

例文 ❸ 理由／原因
**너무 시어서 먹을 수**
ノ ム シ オ ソ モ グル ス
**없어요.**
オプ ソ ヨ
酸っぱすぎて食べられません。

---

□ **단맛**
タン マッ

㊂ 甘味

□ **신맛**
シン マッ

㊂ 酸味

□ **쓴맛**
ッスン マッ

㊂ 苦味

□ **감칠맛**
カム チル マッ

㊂ うま味

気持ちを伝える

日常生活

美容・ファッション

趣味・エンタメ

## まとめ｜韓国料理

チゲ
ッチ ゲ
찌개

サムギョプサル
サムギョプサル
삼겹살

キンパ
キ ム バ ブ
김밥

トッポキ
ットクポッ キ
떡볶이

| | | | |
|---|---|---|---|
| ☐ 料理<br>ヨ リ<br>요리 | ☐ ビビンバ<br>ビ ビンバブ<br>비빔밥 | ☐ プルゴギ<br>ブル ゴ ギ<br>불고기 | ☐ キムチ<br>キ ム チ<br>김치 |
| ☐ クッパ<br>クク バブ<br>국밥 | ☐ カルグクス<br>カル グク ス<br>칼국수 | ☐ タッカンマリ<br>タ カン マ リ<br>닭한마리 | ☐ ビビン冷麺<br>ビ ビ ム ネンミョン<br>비빔냉면 |
| ☐ ナムル<br>ナ ムル<br>나물 | ☐ 韓定食<br>ハンジョンシク<br>한정식 | ☐ チヂミ<br>チョン<br>전 | ☐ ヤンニョムチキン<br>ヤンニョム チキン<br>양념치킨 |
| ☐ 参鶏湯<br>サム ゲ タン<br>삼계탕 | ☐ 牛肉<br>ソ ゴ ギ<br>소고기 | ☐ 鶏肉<br>タッ コ ギ<br>닭고기 | ☐ 豚肉<br>トゥェ ジ ゴ ギ<br>돼지고기 |

✎ MEMO

お店に入ると「몇 분이세요?」(何名様ですか?)と尋ねられるので、51ページに掲載している固有数詞で答えてください。また「일본어 메뉴판 있어요?」(日本語のメニューはありますか?)と聞いてみると、日本語メニューが出てくることもありますよ。

46

**飲み物**
ウムニョ
음료

□ 水
　 ムル
　 물

□ ミネラルウォーター
　 センス
　 생수

□ お茶
　 チャ
　 차

□ ジュース
　 チュス
　 주스

□ コーヒー
　 コピ
　 커피

□ アイスコーヒー
　 ネンコピ
　 냉커피

□ 紅茶
　 ホンチャ
　 홍차

□ アイスティー
　 アイスティ
　 아이스티

□ ゆず茶
　 ユジャチャ
　 유자차

□ トウモロコシ茶
　 オクススチャ
　 옥수수차

□ 甘酒
　 シケ
　 식혜

□ 牛乳
　 ウユ
　 우유

□ 酒
　 スル
　 술

□ ビール
　 メクチュ
　 맥주

□ 焼酎
　 ソジュ
　 소주

□ マッコリ
　 マッコルリ
　 막걸리

✏ MEMO

店員に、「드시고 가세요? 가지고 가세요?」(お召し上がりますか？　持ち帰りま
　　　　 トゥシゴ カセヨ　　カジゴ カセヨ
すか？)と聞かれたら、イートインのときは「먹고 갈게요.」(食べていきます)、テ
　　　　　　　　　　　　　　　　モッコ カルケヨ
イクアウトのときは「가지고 갈게요.」(持ち帰ります)と言いましょう。
　　　　　　　　カジゴ カルケヨ

47

□ 내다
ネ ダ

動 出す/払う

ヘヨ体
내요 出します
ネ ヨ

活用
❶ 내 ❷ 내 ❸ 내
ネ  ネ  ネ

例文 ❶ 決心
커피값은 각자 내기로
コ ピ ガプスン カクチャ ネ ギ ロ
해요.
ヘ ヨ
コーヒー代は割り勘にしましょう。

払うのを
ネダったり♥
내다

□ 사다
サ ダ

動 買う

ヘヨ体
사요 買います
サ ヨ

活用
❶ 사 ❷ 사 ❸ 사
サ  サ  サ

例文 ❶ 願望
유행하는 옷을 사고 싶어요.
ユ ヘン ハ ヌン オ スル サ ゴ シ ポ ヨ
流行の服を買いたいです。

□ 팔다
パ ル ダ

動 売る

ヘヨ体
팔아요 売ります
パ ラ ヨ

活用 〔ㄹ語幹〕
❶ 팔/파 ❷ 팔/파 ❸ 팔아
パル バ    パル バ    パ ラ

例文 ❷ 理由/原因
백화점에서 파니까 가서
ペ クゥジョメ ソ バ ニ ッカ カ ソ
사요.
サ ヨ
百貨店で売っているから、行って買いましょう

□ **싸 다**
ッサ ダ

形 安い

ヘヨ体
**싸요** 安いです
ッサ ヨ

活用
❶ 싸 ❷ 싸 ❸ 싸
ッサ ッサ ッサ

例文 ❶ 羅列／順序
**값도 싸고 맛도 좋아요.**
カプト ッサゴ マット チョア ヨ
値段も安くて、味もいいです。

---

□ **비 싸 다**
ピ ッサ ダ

形 (値段が)高い

ヘヨ体
**비싸요** 高いです
ピッサ ヨ

活用
❶ 비싸 ❷ 비싸 ❸ 비싸
ピッサ ピッサ ピッサ

例文 ❸ 理由／原因
**너무 비싸서 못 샀어요.**
ノ ム ピッサソ モッ サッソ ヨ
高すぎて買えませんでした。

---

□ **세 일**
セ イ ル

名 セール ★

□ **할 인**
ハ リン

名 割引 ★

□ **영 수 증**
ヨン ス ジュン

名 レシート

□ **금 액**
ク メク

名 金額

□ **계 산**
ケ サン

名 計算・会計 ★

□ **봉 투**
ポン トゥ

名 レジ袋、封筒

□ **보 증**
ポ ジュン

名 保証 ★

□ **지 갑**
チ ガプ

名 財布

49

まとめ お金

## ショッピングで使う言葉

お会計お願いします。
계산해 주세요.
（ケ サ ネ ジュ セ ヨ）

☐ 金
トン
돈

☐ 現金
ヒョングム
현금

☐ 紙幣
チ ペ
지폐

☐ 硬貨・コイン
トンジョン
동전

☐ おつり
コ ス ル ム トン
거스름돈

☐ クレジットカード
シ ニョン カ ド
신용카드

☐ 電子マネー
チョンジャファ ペ
전자화폐

☐ 両替
ファンジョン
환전

☐ 値段
カ ギョク
가격

☐ 値札
カ ギョク ピョ
가격표

☐ 先払い
ソンブル
선불

☐ 分割払い
ハル ブ
할부

✎ MEMO

韓国では、コンビニやタクシーなど多くの場所でクレジットカードを使用できます。
使用すると「몇 개월로 해 드릴까요?」（ミョッ ケ ウォル ロ ヘ ドゥリルッカヨ）（何回払いにしますか?）と聞かれるので、
一括払いのときは「일시불로 해 주세요.」（イル シ ブル ロ ヘ ジュ セ ヨ）（一括でお願いします）と伝えましょう。

## 漢数詞

漢数詞と固有数詞が
あるのは日本語と
同じだよ

☐ 0
ヨン コン
영/공

☐ 1
イ ル
일

☐ 2
イ
이

☐ 3
サ ム
삼

☐ 4
サ
사

☐ 5
オ
오

☐ 6
ユ ク
육

☐ 7
チ ル
칠

☐ 8
パ ル
팔

☐ 9
ク
구

☐ 10
シ プ
십

☐ 20
イ シ プ
이십

☐ 百
ペ ク
백

☐ 千
チョン
천

☐ 万
マ ン
만

☐ 億
オ ク
억

## 固有数詞

☐ 1つ
ハ ナ
하나

☐ 2つ
トゥル
둘

☐ 3つ
セッ
셋

☐ 4つ
ネッ
넷

☐ 5つ
タ ソッ
다섯

☐ 6つ
ヨ ソッ
여섯

☐ 7つ
イルゴプ
일곱

☐ 8つ
ヨ ドル
여덟

☐ 9つ
ア ホプ
아홉

☐ 10
ヨ ル
열

☐ 20
ス ムル
스물

☐ 50
シュイン
쉰

✎ MEMO

日本語と同じように「いち、に、さん…」と数える漢数詞と、「ひとつ、ふたつ、みっつ…」と数える固有数詞があります。漢数詞の「0」は「영」と「공」の2つありますが、あまり違いはありません。ただ電話番号や部屋番号は「공」を使います。

旅行

気持ちを伝える

日常生活

美容・ファッション

最新・エンタメ

## 時計
시계 [シ ゲ]

12時 열두시 [ヨル トゥ シ]

11時 열한시 [ヨ ラン シ]

1時 한시 [ハン シ]

10時 열시 [ヨル シ]

2時 두시 [トゥ シ]

9時 아홉시 [ア ホプ シ]

3時 세시 [セ シ]

8時 여덟시 [ヨ ドゥル シ]

4時 네시 [ネ シ]

7時 일곱시 [イル ゴプ シ]

5時 다섯시 [タ ソッ シ]

6時 여섯시 [ヨ ソッ シ]

☐ 15分 십오분 [シ ボ ブン]  ☐ 30分 삼십분 [サム シプ ブン]  ☐ 45分 사십오분 [サ シ ボ ブン]

✎ MEMO

「두 시 십오 분」(2時15分)など、時間の部分には固有数詞、分の部分には漢数詞が使われるので注意が必要。「한 시간 후에 나옵니다.」[ハン シガン フ エ ナオムニダ](1時間後に出てきます。)「십오 분 지났어요.」[シボ ブン チナッソ ヨ](15分過ぎました。)といった形で使ってください。

☐ 年
ニョン
년 ★

☐ 月
ウォル
월 ★

☐ 日
イル
일 ★

☐ 〜か月
ケウォル
개월 ★

☐ 時
シ
시

☐ 分
ブン
분 ★

☐ 秒
チョ
초 ★

☐ 度
ト
도 ★

☐ ウォン
ウォン
원 ★

☐ 円
エン
엔 ★

☐ 階
チュン
층 ★

☐ 名
ミョン
명

☐ 歳
サル
살

☐ 個
ケ
개

☐ 匹/羽/頭
マリ
마리

☐ 本/瓶
ビョン
병

☐ 杯
チャン
잔

☐ 冊
クォン
권

☐ 枚
チャン
장

☐ 着
ボル
벌

☐ 番
ポン
번 ★

☐ 番目/回目
ポンチェ
번째

POINT

漢数詞+「번」は「順番」、固有数詞+「번」
は「回数」を表します。

☐ 台/発
テ
대

☐ 列
チュル
줄

☐ 倍
ベ
배

☐ 種類
カジ
가지

☐ 〜年生
ハンニョン
학년 ★

☐ 周
バクィ
바퀴

✎ MEMO

単位によって漢数詞と固有数詞のどちらかを使うかが決まっています。今回、
紹介した中で★がついているものは漢数詞をつけてください。ちなみに漢数
詞をつける単位は「時間・お金」に関係するものが多いです。

旅行

気持ちを伝える

日常生活

美容・ファッション

趣味・エンタメ

# □ 아프다
<small>ア プ ダ</small>

形 痛い

ヘヨ体
아파요 痛いです
<small>ア パ ヨ</small>

活用 〔으変則〕
❶ 아프 ❷ 아프 ❸ 아파
<small>アプ アプ アパ</small>

例文 ❸ 丁寧
많이 걸어서 다리가
<small>マ ニ コロソ タ リ ガ</small>
아파요.
<small>ア パ ヨ</small>
歩きすぎて脚が痛いです。

痛いのでアプダ
아프다
（アップアップだ）

---

# □ 돕다
<small>トプ タ</small>

動 手伝う／助ける

ヘヨ体
도와요 手伝います
<small>ト ワ ヨ</small>

活用 〔ㅂ変則〕
❶ 돕 ❷ 도우 ❸ 도와
<small>トプ トウ トワ</small>

例文 ❸ 要望／命令
시간이 나면 좀 도와
<small>シ ガ ニ ナ ミョン チョム トワ</small>
주세요.
<small>ジュ セ ヨ</small>
時間があればちょっと手伝ってください。

---

# □ 넘어지다
<small>ノ モ ジ ダ</small>

動 倒れる

ヘヨ体
넘어져요 倒れます
<small>ノ モ ジョ ヨ</small>

活用
❶ 넘어지 ❷ 넘어지 ❸ 넘어져
<small>ノモジ ノモジ ノモジョ</small>

例文 ❷ 仮定
조심 조심! 넘어지면 안 돼요.
<small>チョシム ジョシム ノ モ ジミョンアンドゥェヨ</small>
要注意! 倒れたらダメです。

54

□ **피로하다**
ピ ロ ハ ダ

動 疲れる

ヘヨ体
**피로해요** 疲れます
ピ ロ ヘ ヨ

活用
❶ **피로하** ❷ **피로하** ❸ **피로해**
ピロハ    ピロハ    ピロヘ

例文 ❷ 丁寧な疑問
**지금 안 피로하세요?**
チ グ ム アン ピ ロ ハ セ ヨ
今、疲れていませんか?

---

□ **괴롭다**
クェ ロ ブ タ

形 つらい

ヘヨ体
**괴로워요** つらいです
クェ ロ ウォ ヨ

活用 〔ㅂ変則〕
❶ **괴롭** ❷ **괴로우** ❸ **괴로워**
クェロブ    クェロウ    クェロウォ

例文 ❷ 進行
**괴로울 때는 이 노래를**
クェロウル テヌン イ ノ レルル
**들어 보세요.**
トゥロ ボ セ ヨ
つらいときはこの歌を聞いてみてください。

---

□ **두통**
トゥ トン

名 頭痛

□ **복통**
ポク トン

名 腹痛

---

□ **감기**
カ ム ギ

名 風邪

□ **약**
ヤ ク

名 薬

---

□ **열**
ヨ ル

名 熱

□ **기침**
キ チ ム

名 咳

---

□ **건강**
コン ガン

名 健康 ★

□ **기운**
キ ウン

名 元気

旅行

気持ちを伝える

日常生活

美容・ファッション

趣味・エンタメ

おさらいドリル… **1**

第1章では、旅先で使える単語を紹介しました。みなさん覚えていますか？　では、ここでおさらいのテストをします。下記の文章の**❶**〜**❾**に当てはまる単語を、下の**1**〜**18**から選んでみましょう。

| **❶** | 에서 | **❷** | 으로 | **❸** | |
| ここ | から | 北 | に | 行ったら |

**❹** 이 있습니다.
明洞　が　あります。

이 **❺** 의 **❻** 는 **❼** 유명합니다.
この　食堂　の　キムチ　は　美味しくて　有名です。

**❽** 를 **❾** 인분 주세요.
焼肉　を　2　人前　ください。

選択肢

**1** 가면　**2** 비빔밥　**3** 먹으면　**4** 명동
**5** 나물　**6** 북쪽　**7** 불고기　**8** 어느　**9** 서쪽
**10** 여기　**11** 두　**12** 김치　**13** 달고　**14** 이
**15** 홍대　**16** 식당　**17** 시장　**18** 맛있고

**答え**　**❶**10 여기 ヨギ（ここ）、**❷**6 북쪽 プックッチョク（北側）、**❸**1 가면 カミョン（行ったら）、**❹**4 명동 ミョンドン（明洞）、**❺**16 식당 シクタン（食堂）、**❻**12 김치 キムチ（キムチ）、**❼**18 맛있고 マシッコ（美味しくて）、**❽**7 불고기 プルゴギ（焼肉）、**❾**14 이 イ（2）

56

# 気持ちを
# 伝える
# 単語

□ 좋다
<sup>チョ</sup> <sup>タ</sup>
形 よい

ヘヨ体
좋아요 よいです
<sup>チョ ア ヨ</sup>

活用
❶ 좋 ❷ 좋으 ❸ 좋아
<sup>チョッ</sup> <sup>チョウ</sup> <sup>チョ ア</sup>

例文 ❸ 丁寧
오늘은 날씨가 좋아요.
<sup>オ ヌルン ナルシ ガ チョ ア ヨ</sup>
今日は天気がいいです。

よいチョタ (チュータ＝
좋다
指導者) に会った

□ 아름답다
<sup>ア ルム ダ ブ タ</sup>
形 美しい

ヘヨ体
아름다워요 美しいです
<sup>ア ルム ダ ウォ ヨ</sup>

活用 〔ㅂ変則〕
❶ 아름답 ❷ 아름다우 ❸ 아름다워
<sup>アルム ダブ</sup> <sup>アルム ダウ</sup> <sup>アルム ダウォ</sup>

例文 ❷ 現在の推測
경치가 아름다운 것 같아요.
<sup>キョンチ ガ アルム ダ ウン ゴッ カ タ ヨ</sup>
景色が美しいようです。

□ 귀엽다
<sup>クィ ヨブ タ</sup>
形 かわいい

ヘヨ体
귀여워요 かわいいです
<sup>クィ ヨ ウォ ヨ</sup>

活用 〔ㅂ変則〕
❶ 귀엽 ❷ 귀여우 ❸ 귀여워
<sup>クィヨブ</sup> <sup>クィ ヨ ウ</sup> <sup>クィ ヨ ウォ</sup>

例文 ❷ 現在連体形
귀여운 목걸이를 샀어요.
<sup>クィ ヨ ウン モッ コ リルル サッ ソ ヨ</sup>
かわいいネックレスを買いました。

□ **멋있다**
（モ シッ タ）

形 かっこいい／素敵だ

ヘヨ体
**멋있어요**（モ シッ ソ ヨ）かっこいいです

活用
❶ **멋있**（モ シッ） ❷ **멋있으**（モ シッ ス） ❸ **멋있어**（モ シッ ソ）

例文 ❶ 感嘆／同意

이 자동차는（イ チャドンチャヌン）
**멋있네요.**（モ シン ネ ヨ）
この車はかっこいいですね。

POINT
主に外見に対して使います。

---

□ **멋지다**
（モッ チ ダ）

形 素敵だ

ヘヨ体
**멋져요**（モッチョ ヨ）素敵です

活用
❶ **멋지**（モッ チ） ❷ **멋지**（モッ チ） ❸ **멋져**（モッチョ）

例文 ❶ 感嘆／同意

여기 경치는（ヨ ギ キョンチヌン）
**멋지네요.**（モッチ ネ ヨ）
ここの景色は素敵ですね。

POINT
考え方や行動にも使えます。

---

□ **사랑하다**
（サ ラン ハ ダ）

動 愛する

ヘヨ体
**사랑해요**（サ ラン ヘ ヨ）愛します

活用
❶ **사랑하**（サ ラン ハ） ❷ **사랑하**（サ ラン ハ） ❸ **사랑해**（サ ラン ヘ）

例文 ❸ 丁寧

둘은 서로 **사랑해요.**（トゥルン ソ ロ サ ラン ヘ ヨ）
二人は愛し合っています。

---

□ **좋아하다**
（チョ ア ハ ダ）

形 好きだ

ヘヨ体
**좋아해요**（チョ ア ヘ ヨ）好きです

活用
❶ **좋아하**（チョ ア ハ） ❷ **좋아하**（チョ ア ハ） ❸ **좋아해**（チョ ア ヘ）

例文 ❷ 仮定

**좋아하면 하나 더 시켜요！**（チョ ア ハ ミョン ハ ナ ド シ キョ ヨ）
好きでしたら、もうひとつ注文しましょう！

## □ 기쁘다
<sup>キ ッ プ ダ</sup>

形 嬉しい

〔ヘヨ体〕
기뻐요 嬉しいです
<sup>キ ッ ポ ヨ</sup>

活用 〔으変則〕
① 기쁘 ② 기쁘 ③ 기뻐
<sup>キップ</sup> <sup>キップ</sup> <sup>キッポ</sup>

例文 ③ 丁寧
오늘은 정말 기뻐요.
<sup>オ ヌ ルン チョンマル キ ッ ポ ヨ</sup>
今日はほんとうに嬉しいです。

これは嬉しい
キップダ（切符だ）
기쁘다

---

## □ 대단하다
<sup>テ ダ ナ ダ</sup>

形 すごい

〔ヘヨ体〕
대단해요 すごいです
<sup>テ ダ ネ ヨ</sup>

活用
① 대단하 ② 대단하 ③ 대단해
<sup>テダナ</sup> <sup>テダナ</sup> <sup>テダネ</sup>

例文 ① 感嘆／同意
혼자서 여행하니까
<sup>ホンジャ ン ヨ ヘン ハ ニ ッカ</sup>
대단하네요.
<sup>テ ダ ナ ネ ヨ</sup>
一人で旅行できるのはすごいですね。

---

## □ 두근거리다
<sup>トゥ グン ゴ リ ダ</sup>

動 ドキドキする

〔ヘヨ体〕
두근거려요 ドキドキします
<sup>トゥ グン ゴ リョ ヨ</sup>

活用
① 두근거리
<sup>トゥグン ゴ リ</sup>
② 두근거리 ③ 두근거려
<sup>トゥグン ゴ リ</sup> <sup>トゥグン ゴ リョ</sup>

例文 ③ 丁寧
가슴이 두근거려요.
<sup>カ ス ミ トゥグン ゴ リョ ヨ</sup>
胸がドキドキします。

□ **신나다** シン ナ ダ
動 ウキウキする／盛り上がる

〔ヘヨ体〕
**신나요** シン ナ ヨ ウキウキします

活用
❶ **신나** シン ナ ❷ **신나** シン ナ ❸ **신나** シン ナ

例文 ❸ 丁寧
**마지막 곡이 정말 신나요.** マ ジ マク コ ギ チョンマル シン ナ ヨ
最後の曲が一番盛り上がります。

---

□ **고맙다** コ マプ タ
形 ありがたい

〔ヘヨ体〕
**고마워요** コ マ ウォ ヨ ありがとうございます

活用 〔ㅂ変則〕
❶ **고맙** コ マプ ❷ **고마우** コ マ ウ ❸ **고마워** コ マ ウォ

例文 ❸ 丁寧な過去
**오늘은 여러가지로** オ ヌ ルン ヨ ロ ガ ジ ロ
**고마웠어요.** コ マ ウォッソ ヨ
今日はいろいろとありがとうございました。

---

□ **괜찮다** クェンチャン タ
形 大丈夫だ

〔ヘヨ体〕
**괜찮아요** クェンチャ ナ ヨ 大丈夫です

活用
❶ **괜찮** クェンチャン ❷ **괜찮으** クェンチャ ヌ ❸ **괜찮아** クェンチャ ナ

例文 ❷ 現在の推測
**날씨가 괜찮은 것 같아요.** ナルッシガ クェンチャ ヌン ゴッ カ タ ヨ
天気がよいそうです。

---

□ **호조** ホ ジョ
名 好調

□ **감격** カ ム ギョク
名 感激 ★

□ **행복** ヘン ボク
名 幸せ ★

□ **최고** チュェ ゴ
名 最高

## 웃다
<sup>ウッ</sup><sup>タ</sup>

**動** 笑う

---

**ヘヨ体**
웃어요 <sup>ウ ソ ヨ</sup> 笑います

---

**活用**
❶ 웃 <sup>ウッ</sup> ❷ 웃으 <sup>ウ ス</sup> ❸ 웃어 <sup>ウ オ</sup>

---

**例文** ❸ 丁寧な過去
덕분에 많이 웃었어요. <sup>トク ブ ネ マ ニ ウ ソッ ソ ヨ</sup>
おかげさまでたくさん笑いました。

笑う人形を
ウッタ（売った）
웃다

---

## 울다
<sup>ウ ル</sup><sup>ダ</sup>

**動** 泣く

**ヘヨ体**
울어요 <sup>ウ ロ ヨ</sup> 泣きます

**活用** 〔ㄹ語幹〕
❶ 울/우 <sup>ウル ウ</sup> ❷ 울/우 <sup>ウル ウ</sup> ❸ 울어 <sup>ウ ロ</sup>

---

**例文** ❶ 禁止の命令
울지 마세요! <sup>ウル ジ マ セ ヨ</sup>
泣かないでください!

---

## 화내다
<sup>フ ワ</sup><sup>ネ</sup><sup>ダ</sup>

**動** 怒る

**ヘヨ体**
화내요 <sup>フ ワ ネ ヨ</sup> 怒ります

**活用**
❶ 화내 <sup>フ ワ ネ</sup> ❷ 화내 <sup>フ ワ ネ</sup> ❸ 화내 <sup>フ ワ ネ</sup>

---

**例文** ❶ 現在連体形
화내는 저 사람은 누구예요? <sup>フ ワ ネ ヌン チョ サ ラ ムン ヌ グ エ ヨ</sup>
怒っているあの人は誰ですか?

□ **꾸짖다**
_ツックジッタ_

動 叱る

ヘヨ体
**꾸짖어요** 叱ります
_ックジジョヨ_

活用
❶ 꾸짖 ❷ 꾸짖으 ❸ 꾸짖어
_ックジッ_　_ックジジュ_　_ックジジョ_

例文 ❸ 丁寧な過去
_トンセンウルックジジョッソヨ_
동생을 **꾸짖었어요**.
弟を叱りました。

---

□ **즐겁다**
_チュルゴプタ_

形 楽しい

ヘヨ体
**즐거워요** 楽しいです
_チュルゴウォヨ_

活用 〔ㅂ変則〕
❶ 즐겁 ❷ 즐거우 ❸ 즐거워
_チュルゴプ_　_チュルゴウ_　_チュルゴウォ_

例文 ❷ 現在連体形
_オヌルンチュルゴウンナリエヨ_
오늘은 **즐거운** 날이에요.
今日は楽しい日です。

---

□ **슬프다**
_スルプダ_

形 悲しい

ヘヨ体
**슬퍼요** 悲しいです
_スルポヨ_

活用 〔ㅡ変則〕
❶ 슬프 ❷ 슬프 ❸ 슬퍼
_スルプ_　_スルプ_　_スルポ_

例文 ❸ 丁寧な過去
_クヨンファヌンチョムスルポッソヨ_
그 영화는 좀 **슬펐어요**.
あの映画はちょっと悲しかったです。

---

□ **기뻐하다**
_キッポハダ_

動 喜ぶ

ヘヨ体
**기뻐해요** 喜びます
_キッポヘヨ_

活用
❶ 기뻐하 ❷ 기뻐하 ❸ 기뻐해
_キッポハ_　_キッポハ_　_キッポヘ_

例文 ❸ 丁寧な過去
_チングドゥリキッポヘッソヨ_
친구들이 **기뻐했어요**.
友だちが喜びました。

## □ 나쁘다
ナ ッ プ ダ

形 悪い

----

ヘヨ体
나빠요 悪いです
ナ ッ パ ヨ

----

活用 〔으変則〕
❶ 나쁘 ❷ 나쁘 ❸ 나빠
ナップ　　ナップ　　ナッパ

----

例文 ❷ 現在連体形
저 사람은 나쁜 사람이에요.
チョ サ ラ ム ン ナップン サ ラ ミ エ ヨ
あの人は悪い人です。

悪いのはこの
ナップダ（ナップだ）
나쁘다

## □ 싫다
シ ル タ

形 嫌いだ

ヘヨ体
싫어요 嫌いです
シ ル オ ヨ

活用
❶ 싫 ❷ 싫으 ❸ 싫어
シル　　シルウ　　シルオ

----

例文 ❷ 仮定
싫으면 안 가도 돼요.
シ ル ミョン アン ガ ド ドゥェヨ
嫌いならば行かなくてもいいです。

## □ 억울하다
オ グ ラ ダ

形 悔しい

----

ヘヨ体
억울해요 悔しいです
オ グ レ ヨ

活用
❶ 억울하 ❷ 억울하 ❸ 억울해
オグラ　　オグラ　　オグレ

----

例文 ❸ 丁寧な過去
너무 억울했어요.
ノ ム オ グ レッ ソ ヨ
あまりにも悔しかったです。

□ **밉다**
ミ ブ タ

形 憎い

〔ヘヨ体〕
ミ ウォ ヨ
**미워요** 憎いです

活用 〔ㅂ変則〕
❶ **밉** ❷ **미우** ❸ **미워**
ミ ブ　　　ミ ウ　　　ミ ウォ

例文 ❷ 現在連体形
ミ ウン　サ ラ ムン　オプ ソ ヨ
**미운 사람은 없어요.**
憎い人はいません。

---

□ **미안하다**
ミ ア ナ ハ ダ

形 すまない／申し訳ない

〔ヘヨ体〕
ミ ア ネ ヨ
**미안해요** すみません

活用
❶ **미안하** ❷ **미안하** ❸ **미안해**
ミ アナ　　　ミ アナ　　　ミ アネ

例文 ❷ 理由／原因
ミ ア ナ ニッカ　タ ウ メン
**미안하니까 다음엔**
カ ゲッスムニ ダ
**가겠습니다.**
申し訳ないので、次は行きます。

---

□ **신경을 쓰다**
シンギョンウル ッス ダ

動 気を使う

〔ヘヨ体〕
シンギョンウル ッソ ヨ
**신경을 써요** 気を使います

活用 〔으変則〕 ❶ **신경을 쓰**
シンギョンウル ッス
❷ **신경을 쓰** ❸ **신경을 써**
シンギョンウル ッス　シンギョンウル ッソ

例文 ❸ 許諾／許容
シンギョンウル アン ッソ ド ドゥエ ヨ
**신경을 안 써도 돼요.**
気にしなくても大丈夫です。

---

□ **걱정**
コク チョン

名 心配 ★

□ **불안**
プ ラン

名 不安 ★

□ **실패**
シル ペ

名 失敗 ★

□ **폐**
ペ

名 迷惑

## まとめ | 疑問詞／接続詞

## 疑問詞

☐ いつ
オンジェ
언제

☐ どこ
オディ
어디

☐ だれ
ヌ グ
누구

☐ 何
ム オッ
무엇

☐ なぜ
ウェ
왜

☐ どうやって
オットケ
어떻게

☐ どんな
オットン
어떤

☐ どれ
オ ヌ ゴッ
어느 것

☐ 何の
ム スン
무슨

☐ いくつ
ミョッ
몇

☐ いくら
オルマ
얼마

☐ なんで
ウェン
웬

✎ MEMO

韓国語の疑問詞は、必ず文頭に入れるといったルールはありません。「언제 밥
(オンジェ バブ)
먹었어요?」(いつご飯を食べましたか?)や「밥 언제 먹었어요?」(ご飯をいつ食
(モゴッッソ ヨ)      (バブ オンジェ モゴッッソ ヨ)
べましたか?)のように、どこに「언제」を入れても違和感のない文章になります。
                    (オンジェ)

## 接続詞

☐ だから
ク ロ ニッカ
그러니까

☐ そして
ク リ ゴ
그리고

☐ それで
ク レ ソ
그래서

☐ すると
ク ロ ジャ
그러자

☐ だけど
ハ ジ マン
하지만

☐ しかし
ク ロ ナ
그러나

☐ でも
ク レ ド
그래도

☐ 一方で
ハンピョン
한편

☐ さらに
ト グ ナ
더구나

☐ つまり/要するに
ヨ コン デ
요컨대

66

| とても アジュ 아주 | とても ノム 너무 | たくさん マニ 많이 | 少し チョム 좀 |
| もっと ト 더 | 最も カジャン 가장 | 本当に チョンマルロ 정말로 | 一緒に カチ 같이 |
| また ット 또 | 再び タシ 다시 | すでに イミ 이미 | もう ボルソ 벌써 |
| さらに トウク 더욱 | すぐに コッ 곧 | いつも オンジェナ 언제나 | よく チャル 잘 |

| 特に トゥキ 특히 | やはり ヨクシ 역시 |
| まだ アジク 아직 | たびたび チャジュ 자주 |

**POINT**
「아직」(アジク)を丁寧な表現にすると、「아직이에요.」(アジギエヨ)(まだです)になります。

| 最初に ウソン 우선 | 永遠に ヨンウォニ 영원히 |
| 偶然に ウヨニ 우연히 | しばらく チャムシ 잠시 |
| ときどき チョンジョン 종종 | たぶん アマ 아마 |

**MEMO**
同じ「とても」の意味を持つ「아주」(アジュ)「너무」(ノム)ですが、微妙に程度が変わります。「아주」(アジュ)より「너무」(ノム)の方がより基準が超えた状態を表し、「너무」(ノム)は「やりすぎ」といった否定的な意味も持っています。

□ **믿다** ミッタ

動 信じる

ヘヨ体
**믿어요** ミドョ 信じます

活用
❶ 믿 ミッ ❷ 믿으 ミドゥ ❸ 믿어 ミド

例文 ❶ 願望
**그 사람을 믿고 싶어요.** ク サラムル ミッコ シポヨ
あの人を信じたいです。

信じるのを

ミッタ
믿다
(見た)?

□ **전하다** チョナダ

動 伝える

ヘヨ体
**전해요** チョネョ 伝えます

活用
❶ 전하 チョナ ❷ 전하 チョナ ❸ 전해 チョネ

例文 ❸ 要望／命令
**인사 전해 주세요.** インサ チョネ ジュセョ
よろしくお伝えください。

□ **참다** チャムタ

動 耐える

ヘヨ体
**참아요** チャマョ 耐えます

活用
❶ 참 チャム ❷ 참으 チャムゥ ❸ 참아 チャマ

例文 ❷ 仮定
**참으면 좋은 일도 있을** チャム ミョン チョウン イルド イッスル
**거예요.** コ イェョ
我慢すればいいこともあると思います。

□ **놀라다** ノルラダ
動 驚く

ヘヨ体
**놀라요** ノルラヨ 驚きます

活用
① 놀라 ノルラ ② 놀라 ノルラ ③ 놀라 ノルラ

例文 ③ 丁寧な過去
ノム ビッサソ ノルラッソヨ
너무 비싸서 **놀랐어요**.
高すぎて驚きました。

□ **생기다** センギダ
動 できる、生じる

ヘヨ体
**생겨요** センギョヨ できます

活用
① 생기 センギ ② 생기 センギ ③ 생겨 センギョ

例文 ③ 丁寧な過去
ハングク チング ガ センギョッソ ヨ
한국 친구가 **생겼어요**.
韓国人の友だちができました。

□ **자랑** チャラン
名 自慢 ★

□ **의심** ウイシム
名 疑い ★

□ **칭찬** チンチャン
名 称賛 ★

□ **만족** マンジョク
名 満足 ★

□ **냉정** ネンジョン
名 冷静 ★

□ **무리** ムリ
名 無理 ★

□ **복잡** ポクチャプ
名 複雑 ★

□ **특별** トクピョル
名 特別 ★

## □ 알다
〔<sup>ア</sup><sup>ル</sup><sup>ダ</sup>〕

動 知る／わかる

[ヘヨ体]
알아요 〔<sup>ア</sup><sup>ラ</sup><sup>ヨ</sup>〕 知っています

[活用]〔ㄹ語幹〕
❶ 알/아 〔<sup>アル</sup><sup>ア</sup>〕 ❷ 알/아 〔<sup>アル</sup><sup>ア</sup>〕 ❸ 알아 〔<sup>ア</sup><sup>ラ</sup>〕

[例文] ❶ 現在連体形
아는 사람이 많아요. 〔<sup>ア</sup><sup>ヌン</sup><sup>サ</sup><sup>ラ</sup><sup>ミ</sup><sup>マ</sup><sup>ナ</sup><sup>ヨ</sup>〕
知っている人が多いです。

わかるのも
アルダろう
알다
（あるだろう）

---

## □ 쉽다
〔<sup>シュイ</sup><sup>プ</sup><sup>タ</sup>〕

形 易しい

[ヘヨ体]
쉬워요 〔<sup>シュイ</sup><sup>ウォ</sup><sup>ヨ</sup>〕 易しいです

[活用]〔ㅂ変則〕
❶ 쉬 〔<sup>シュイ</sup>〕 ❷ 쉬우 〔<sup>シュイ</sup><sup>ウ</sup>〕 ❸ 쉬워 〔<sup>シュイウォ</sup>〕

[例文] ❸ 丁寧
택시 잡기가 정말 〔<sup>テク</sup><sup>シ</sup><sup>チャプ</sup><sup>キガ</sup><sup>チョンマル</sup>〕
쉬워요. 〔<sup>シュイウォ</sup><sup>ヨ</sup>〕
本当にタクシーを拾うのが簡単です。

---

## □ 어렵다
〔<sup>オ</sup><sup>リョプ</sup><sup>タ</sup>〕

形 難しい

[ヘヨ体]
어려워요 〔<sup>オ</sup><sup>リョ</sup><sup>ウォ</sup><sup>ヨ</sup>〕 難しいです

[活用]〔ㅂ変則〕
❶ 어렵 〔<sup>オ</sup><sup>リョプ</sup>〕 ❷ 어려우 〔<sup>オ</sup><sup>リョウ</sup>〕 ❸ 어려워 〔<sup>オ</sup><sup>リョウォ</sup>〕

[例文] ❷ 現在の推測
그 버스를 타는 것은 어려운 〔<sup>ク</sup><sup>ボ</sup><sup>スルル</sup><sup>タ</sup><sup>ヌン</sup><sup>ゴ</sup><sup>スン</sup><sup>オ</sup><sup>リョウン</sup>〕
것 같아요. 〔<sup>ゴッ</sup><sup>カ</sup><sup>タ</sup><sup>ヨ</sup>〕
そのバスに乗ることは難しいようです。

□ 구하다
ク ハ ダ

動 求める

ヘヨ体
구해요 求めます
ク ヘ ヨ

活用
① 구하 ② 구하 ③ 구해
ク ハ   ク ハ   ク ヘ

例文 ① 進行／継続
이 질문의 답을 구하고 있어요.
イ チ ル ム ネ タ ブ ル ク ハ ゴ イッ ソ ヨ
この質問の答えを求めています。

---

□ 모르다
モ ル ダ

動 知らない／わからない

ヘヨ体
몰라요 知りません
モ ル ラ ヨ

活用 〔르変則〕
① 모르 ② 모르 ③ 몰라
モル   モル   モルラ

例文 ① 現在連体形
모르는 게 없어요?
モ ル ヌン ゲ オ プ ソ ヨ
わからないことはありませんか?

---

□ 비슷하다
ピ ス タ ダ

動 似ている

ヘヨ体
비슷해요 似ています
ピ ス テ ヨ

活用
① 비슷하 ② 비슷하 ③ 비슷해
ピ ス タ   ピ ス タ   ビ ス テ

例文 ③ 丁寧
한국어와 발음이 비슷해요.
ハン グ ゴ ワ パ ル ミ ビ ス テ ヨ
韓国語と発音が似ています。

---

□ 간단
カ ン ダ ン
名 簡単 ★

□ 감정
カ ム ジョン
名 感情

□ 기분
キ ブ ン
名 気分

□ 마음
マ ウ ム
名 こころ

## 바쁘다
パップダ

<sub>形</sub> 忙しい

**ヘヨ体**
바빠요 忙しいです
パッパヨ

**活用** 〔으変則〕
❶ 바쁘 ❷ 바쁘 ❸ 바빠
パップ パップ パッパ

**例文** ❷ 仮定
오늘 바쁘면 내일 가요 !
オ ヌル パップミョン ネ イル カ ヨ
今日、忙しかったら明日行きましょう!

ここは忙しい
パップダ（パブだ）
바쁘다

PUB

---

## 활기차다
フワル ギ チャ ダ

<sub>形</sub> 賑やかだ

**ヘヨ体**
활기차요 賑やかです
フワル ギ チャ ヨ

**活用**
❶ 활기차 ❷ 활기차 ❸ 활기차
フワル ギ チャ フワル ギ チャ フワル ギ チャ

**例文** ❷ 現在連体形
활기찬 분위기예요.
フワル ギ チャン プ ニ ギ イェ ヨ
賑やかな雰囲気です。

---

## 상쾌하다
サンクェ ハ ダ

<sub>形</sub> 爽やかだ

**ヘヨ体**
상쾌해요 爽やかです
サンクェ ヘ ヨ

**活用**
❶ 상쾌하 ❷ 상쾌하 ❸ 상쾌해
サンクェ ハ サンクェ ハ サンクェ ヘ

**例文** ❸ 丁寧
공기가 참 상쾌해요.
コン ギ ガ チャム サンクェ ヘ ヨ
空気がとても爽やかです。

□ **부끄럽다**
プックロプタ

形 恥ずかしい

ヘヨ体
**부끄러워요** 恥ずかしいです
プックロウォヨ

活用 〔ㅂ変則〕
① 부끄럽 ② 부끄러우 ③ 부끄러워
プックロプ　　　プックロウ　　　プックロウォ

例文 ① 逆接
**좀 부끄럽지만 불러**
チョム　プックロプチマン　ブルロ
**볼게요.**
ボルケヨ
ちょっと恥ずかしいけど、歌ってみます。

---

□ **재미있다**
チェミイッタ

形 面白い

ヘヨ体
**재미있어요** 面白いです
チェミイッソヨ

活用
① 재미있 ② 재미있으 ③ 재미있어
チェミイッ　　チェミイッス　　チェミイッソ

例文 ① 感嘆／同意
**이 드라마는 재미있네요.**
イ　トゥラマヌン　チェミインネヨ
このドラマは面白いですね。

---

□ **조용하다**
チョヨンハダ

形 静かだ

ヘヨ体
**조용해요** 静かです
チョヨンヘヨ

活用
① 조용하 ② 조용하 ③ 조용해
チョヨンハ　　チョヨンハ　　チョヨンヘ

例文 ② 現在連体形
**조용한 방으로 주세요.**
チョヨンハン　パンウロ　チュセヨ
静かな部屋でお願いします。

---

□ **한가하다**
ハンガハダ

形 暇だ

ヘヨ体
**한가해요** 暇です
ハンガヘヨ

活用
① 한가하 ② 한가하 ③ 한가해
ハンガハ　　ハンガハ　　ハンガヘ

例文 ③ 丁寧
**요즘은 한가해요.**
ヨジュムン　ハンガヘヨ
最近は暇です。

## □ 친하다 チ ナ ダ

形 親しい

ヘヨ体
친해요 チ ネ ヨ 親しいです

活用
❶ 친하 チ ナ ❷ 친하 チ ナ ❸ 친해 チ ネ

例文 ❸ 丁寧な過去
옛날부터 친했어요. イェンナル プ ト チ ネッソ ヨ
昔から親しかったです。

親しい友達に
チナダ（ちなんだ）
친하다
グッズ

ちなんだ

## □ 자상하다 チャ サン ハ ダ

形 優しい

ヘヨ体
자상해요 チャ サン ヘ ヨ 優しいです

活用
❶ 자상하 チャサン ハ ❷ 자상하 チャサン ハ ❸ 자상해 チャサン ヘ

例文 ❸ 丁寧
그분은 참 자상해요. ク ブ ヌン チャム チャサン ヘ ヨ
あの方はとても優しいです。

## □ 친절하다 チ ン ジ ョ ラ ダ

形 親切だ

ヘヨ体
친절해요 チンジョ レ ヨ 親切です

活用
❶ 친절하 チンジョラ ❷ 친절하 チンジョラ ❸ 친절해 チンジョレ

例文 ❸ 丁寧な過去
모두 참 친절했어요. モ ドゥ チャム チンジョレッソ ヨ
みんな、とても親切でした。

□ 무섭다
ムソプタ

形 恐い

〔活用〕〔ㅂ変則〕
❶ 무섭 ムソプ　❷ 무서우 ムソウ　❸ 무서워 ムソウォ

〔例文〕❷ 現在の推測
그 선생님은 무서운 것 같아요.
ク ソンセンニムン ムソウン ゴッ カタヨ
あの先生は恐いようです。

ヘヨ体
무서워요 恐いです
ムソウォヨ

---

□ 재미없다
チェ ミ オプ タ

形 つまらない

〔活用〕
❶ 재미없 チェ ミ オプ
❷ 재미없으 チェ ミ オプ ス　❸ 재미없어 チェ ミ オプ ソ

〔例文〕❷ 仮定
재미없으면 안 봐도 돼요.
チェ ミ オプ ス ミョン アン ボァド ドゥェ ヨ
つまらなければ見なくてもいいです。

ヘヨ体
재미없어요 つまらないです
チェ ミ オプ ソ ヨ

---

□ 똑똑하다
ットクットトカダ

形 賢い

〔活用〕
❶ 똑똑하 ットクットトカ　❷ 똑똑하 ットクットトカ　❸ 똑똑해 ットクットトケ

〔例文〕❸ 丁寧
그 아이는 참 똑똑해요.
ク アイヌン チャム ットクットトケ ヨ
あの子はとても賢いです。

ヘヨ体
똑똑해요 賢いです
ットクットトケ ヨ

---

□ 솔직
ソル チク

名 率直 ★

---

□ 순수
スン ス

名 純粋 ★

---

□ 정열적
チョン ヨル チョク

名 情熱的

---

□ 친절
チン ジョル

名 親切 ★

## □ 굵다
クク タ

**形** 太い

**ヘヨ体**
굵어요 太いです
クル ゴ ヨ

**活用**
❶ 굵 ❷ 굵으 ❸ 굵어
 クク / クル グ / クル ゴ

**例文** ❸ 丁寧
이 우동은 굵어요.
イ ウ ドンウン クル ゴ ヨ
このうどんは太麺です。

太い文字の
ククタ（九九だ）
굵다

---

## □ 가늘다
カ ヌル ダ

**形** 細い

**ヘヨ体**
가늘어요 細いです
カ ヌ ロ ヨ

**活用** 〔ㄹ語幹〕 ❶ 가늘/가느
カ ヌル カ ヌ
❷ 가늘/가느 ❸ 가늘어
カ ヌル カ ヌ / カ ヌ

**例文** ❶ 羅列／順序
젓가락이 가늘고 가벼워요.
チョッカラギ カ ヌル ゴ カ ビョウォ ヨ
箸が細くて軽いです。

---

## □ 두껍다
トゥッコプ タ

**形** 厚い

**ヘヨ体**
두꺼워요 厚いです
トゥッコウォ ヨ

**活用** 〔ㅂ変則〕
❶ 두껍 ❷ 두꺼우 ❸ 두꺼워
トゥッコプ / トゥッコ ウ / トゥッコウォ

**例文** ❶ 羅列／順序
이 책은 두껍고 무거워요.
イ チェグン トゥッコプ ゴ ム ゴウォ ヨ
この本は厚くて、重いです。

76

□ <ruby>얇<rt>ヤ</rt></ruby><ruby>다<rt>ル</rt></ruby><ruby><rt>タ</rt></ruby>
**얇다**
形 薄い

ヘヨ体
<ruby>얇아요<rt>ヤル バ ヨ</rt></ruby> 薄いです

活用
❶ <ruby>얇<rt>ヤル</rt></ruby> ❷ <ruby>얇으<rt>ヤルブ</rt></ruby> ❸ <ruby>얇아<rt>ヤルバ</rt></ruby>

例文 ❸ 理由／原因
<ruby>이 노트북은 얇아서 좋아요<rt>イ ノ トゥブグン ヤルバソ チョアヨ</rt></ruby>.
このノートパソコンは薄いから好きです。

---

□ <ruby>크<rt>ク</rt></ruby><ruby>다<rt>ダ</rt></ruby>
**크다**
形 大きい

ヘヨ体
<ruby>커요<rt>コ ヨ</rt></ruby> 大きいです

活用 〔으変則〕
❶ <ruby>크<rt>ク</rt></ruby> ❷ <ruby>크<rt>ク</rt></ruby> ❸ <ruby>커<rt>コ</rt></ruby>

例文 ❷ 現在連体形
<ruby>좀 더 큰 것은 없어요<rt>チョム トクン ゴソン オブソヨ</rt></ruby> ?
もっと大きいものはありませんか?

---

□ <ruby>작<rt>チャク</rt></ruby><ruby>다<rt>タ</rt></ruby>
**작다**
形 小さい

ヘヨ体
<ruby>작아요<rt>チャガ ヨ</rt></ruby> 小さいです

活用
❶ <ruby>작<rt>チャク</rt></ruby> ❷ <ruby>작으<rt>チャグ</rt></ruby> ❸ <ruby>작아<rt>チャガ</rt></ruby>

例文 ❸ 丁寧
<ruby>이 옷은 너무 작아요<rt>イ オスン ノム チャガヨ</rt></ruby>.
この服は小さすぎます。

---

□ <ruby>딱<rt>ッタク</rt></ruby><ruby>딱<rt>ッタ</rt></ruby><ruby>하<rt>カ</rt></ruby><ruby>다<rt>ダ</rt></ruby>
**딱딱하다**
形 固い

ヘヨ体
<ruby>딱딱해요<rt>ッタクッタ ケ ヨ</rt></ruby> 固いです

活用
❶ <ruby>딱딱하<rt>ッタクッタ カ</rt></ruby>
❷ <ruby>딱딱하<rt>ッタクッタ カ</rt></ruby> ❸ <ruby>딱딱해<rt>ッタクッタ ケ</rt></ruby>

例文 ❸ 理由／原因
<ruby>딱딱해서 먹기 힘들어요<rt>ッタクッタケソ モッキ ヒムドゥロヨ</rt></ruby>.
固いので食べにくいです。

旅行

気持ちを伝える

日常生活

美容・ファッション

趣味・エンタメ

77

# □ 밝다
<sup>パク タ</sup>

形 明るい

ヘヨ体
밝아요 明るいです
<sup>パル ガ ヨ</sup>

活用
❶ 밝 <sup>パク</sup>  ❷ 밝으 <sup>パル グ</sup>  ❸ 밝아 <sup>パル ガ</sup>

例文 ❷ 仮定
좀 더 밝으면 좋겠어요.
<sup>チョム ド パル グ ミョン チョケッソ ヨ</sup>
もう少し明るかったらいいのに。

明るい
パクタ（バクだ）
밝다

# □ 어둡다
<sup>オ ドゥプ タ</sup>

形 暗い

ヘヨ体
어두워요 暗いです
<sup>オ ドゥウォ ヨ</sup>

活用 〔ㅂ変則〕
❶ 어둡 <sup>オドゥプ</sup>  ❷ 어두우 <sup>オドゥウ</sup>  ❸ 어두워 <sup>オドゥウォ</sup>

例文 ❷ 仮定
어두우면 싫어요.
<sup>オ ドゥウ ミョン シ ロ ヨ</sup>
暗かったらイヤです。

# □ 강하다
<sup>カン ハ ダ</sup>

形 強い

ヘヨ体
강해요 強いです
<sup>カン ヘ ヨ</sup>

活用
❶ 강하 <sup>カン ハ</sup>  ❷ 강하 <sup>カン ハ</sup>  ❸ 강해 <sup>カン ヘ</sup>

例文 ❷ 現在連体形
정신이 강한 사람이에요.
<sup>チョン シ ニ カンハン サ ラ ミ エ ヨ</sup>
精神が強い人です。

## 약하다
**ヤカダ**

形 弱い

（ヘヨ体）
약해요 **ヤケヨ** 弱いです

活用
① 약하 **ヤカ**　② 약하 **ヤカ**　③ 약해 **ヤケ**

例文 ② 理由／原因
마음이 **약하**니까 졌어요.
**マ ウ ミ ヤ カ ニッカ チョッソ ヨ**
気持ちが弱かったから負けました。

---

## 늘다
**ヌルダ**

動 増える

（ヘヨ体）
늘어요 **ヌ ロ ヨ** 増えます

活用〔ㄹ語幹〕
① 늘 **ヌル** / ㄴ **ヌ**　② 늘 **ヌル** / ㄴ **ヌ**　③ 늘어 **ヌ ロ**

例文 ③ 丁寧な過去
체중이 많이 **늘었**어요.
**チェジュン イ マ ニ ヌロッソ ヨ**
体重がとても増えました。

---

## 줄다
**チュルダ**

動 減る

（ヘヨ体）
줄어요 **チュ ロ ヨ** 減ります

活用〔ㄹ語幹〕
① 줄 **チュル** / 주 **チュ**　② 줄 **チュル** / 주 **チュ**　③ 줄어 **チュ ロ**

例文 ③ 丁寧な過去
요즘 몸무게가 **줄었**어요.
**ヨ ジュム モム ム ゲ ガ チュロッソ ヨ**
最近、体重が減りました。

---

## 순조롭다
**スンジョロプタ**

形 順調だ

（ヘヨ体）
순조로워요 **スンジョ ロ ウォ ヨ** 順調です

活用〔ㅂ変則〕
① 순조롭 **スンジョロプ**
② 순조로우 **スンジョ ロ ウ**　③ 순조로워 **スンジョ ロ ウォ**

例文 ③ 丁寧
지금까지는 **순조로워**요.
**チ グムカ ジ ヌン スンジョ ロ ウォ ヨ**
これまでは順調です。

おさらいドリル… **2**

第2章では、「愛している」「嬉しい」など、気持ちや感情を表現する単語を紹介しました。例文の❶～❺を埋めて文章をつくってみましょう。

**저는 그를** ❶
チョヌン  クルル
私は  彼を  愛しています。

**이것은** ❷ **꽃입니다.**
イ ゴ スン  ッコチムニダ
これは  美しい  花です。

**공원에서 아이가** ❸ **있습니다.**
コンウォネソ  アイガ  イッスムニダ
公園で  子どもが  泣いて  います。

**지금은 너무** ❹ **해요.**
チグムン  ノ ム  ヘ ヨ
今は  とても  幸せ  です。

**그가** ❺ **보여요.**
ク ガ  ボ ヨ ヨ
彼が  楽しそう  です。

答え ❶사랑해요 サランヘヨ(愛しています)  ❷아름다운 アルムダウン(美しい)  ❸울고 ウルゴ(泣いて)  ❹행복 ヘンボク(幸せ)  ❺즐거워 チュルゴウォ(楽しい)  たとえば、「今はとても○○です」の空欄を、悲しい(슬프다)、嬉しい(기쁘다)など、単語を入れ変えるだけでいろいろな応用ができるフレーズです。

第 **3** 章

# 日常生活で使える単語

## □ 만나다
<sub>マン ナ ダ</sub>

動 会う

【ヘヨ体】
만나요 会います
<sub>マン ナ ヨ</sub>

【活用】
❶ 만나 ❷ 만나 ❸ 만나
<sub>マン ナ</sub> <sub>マン ナ</sub> <sub>マン ナ</sub>

【例文】❶ 願望
친구를 만나고 싶어요.
<sub>チン グ ルル マン ナ ゴ シ ポ ヨ</sub>
友だちに会いたいです。

会うのは公園の
マンナダ（真ん中だ）
만나다

## □ 말하다
<sub>マ ラ ダ</sub>

動 話す／言う

【ヘヨ体】
말해요 話します
<sub>マ レ ヨ</sub>

【活用】
❶ 말하 ❷ 말하 ❸ 말해
<sub>マ ラ</sub> <sub>マ ラ</sub> <sub>マ レ</sub>

【例文】❸ 要望／命令
일본어로 말해 주세요.
<sub>イル ボ ノ ロ マ レ ジュ セ ヨ</sub>
日本語で話してください。

## □ 헤어지다
<sub>ヘ オ ジ ダ</sub>

動 別れる

【ヘヨ体】
헤어져요 別れます
<sub>ヘ オ ジョ ヨ</sub>

【活用】
❶ 헤어지 ❷ 헤어지 ❸ 헤어져
<sub>ヘ オ ジ</sub> <sub>ヘ オ ジ</sub> <sub>ヘ オ ジョ</sub>

【例文】❸ 丁寧な過去
남자 친구와 헤어졌어요.
<sub>ナム ジャ チン グ ワ ヘ オ ジョッ ソ ヨ</sub>
彼と別れました。

## □ 사귀다
**サ グ イ ダ**

動 付き合う／交わる

**ヘヨ体**
사귀어요 付き合います
**サ グ イ オ ヨ**

活用
1 사귀 **サ グ イ**　2 사귀 **サ グ イ**　3 사귀어 **サ グ イ オ**

例文 1 進行／継続
두 사람은 **사귀고** 있어요.
**トゥ サ ラ ムン サ グ イ ゴ イッ ソ ヨ**
二人は付き合っています。

## □ 생각나다
**セン ガン ナ ダ**

動 思い出す

**ヘヨ体**
생각나요 思い出します
**セン ガン ナ ヨ**

活用
1 생각나 **セン ガン ナ**　2 생각나 **セン ガン ナ**　3 생각나 **セン ガン ナ**

例文 3 丁寧な過去
어릴 때 친구가 **생각났어요**.
**オ リル ッテ チン グ ガ セン ガン ナッ ソ ヨ**
子どものときの友だちを
思い出しました。

## □ 계시다
**ケ シ ダ**

動 いらっしゃる

**ヘヨ体**
계셔요 いらっしゃいます
**ケ ショ ヨ**

活用
1 계시 **ケ シ**　2 계시 **ケ シ**　3 계셔 **ケ ショ**

例文 3 丁寧な過去
아무도 안 **계셨어요**.
**ア ム ド アン ケ ショッ ソ ヨ**
誰もいらっしゃらなかったです。

## □ 소개
**ソ ゲ**

名 紹介 ★

## □ 결혼
**キョ ロン**

名 結婚 ★

## □ 별명
**ピョル ミョン**

名 ニックネーム

## □ 이름
**イ ル ム**

名 名前

## 보내다
ポ ネ ダ

🔲

動 送る

へヨ体
보내요 送ります
ポ ネ ヨ

活用
❶ 보내 ❷ 보내 ❸ 보내
ポ ネ / ポ ネ / ポ ネ

例文 ❸ 要望/命令
메일을 보내 주세요.
メ イ ルル ポ ネ ジュ セ ヨ
メールを送ってください。

送られてきたのは
牛のあばらポネダ(骨だ)
보내다

## 걸다
コ ル ダ

🔲

動 (電話を)かける

へヨ体
걸어요 (電話を)かけます
コ ロ ヨ

活用 〔ㄹ語幹〕
❶ 걸/거 ❷ 걸/거 ❸ 걸어
コル コ / コル コ / コ ロ

例文 ❸ 丁寧な過去
전화를 걸었어요.
チョ ヌァルル コ ロッソ ヨ
電話をかけました。

## 받다
パッ タ

🔲

動 (電話に)出る/受け取る

へヨ体
받아요 出ます
パ ダ ヨ

活用
❶ 받 ❷ 받으 ❸ 받아
パッ / パ ドゥ / パ ダ

例文 ❸ 否定
전화 왜 안 받아요?
チョ ヌァ ウェ アン パ ダ ヨ
なんで電話に出ないんですか?

84

□ 무겁다 ムゴプタ
⊕ 重い

ヘヨ体
무거워요 ムゴウォヨ 重いです

活用 〔ㅂ変則〕
❶ 무겁 ムゴプ ❷ 무거우 ムゴウ ❸ 무거워 ムゴウォ

例文 ❷ 過去連体形
무거운 마음이 가벼워졌어요. ムゴウォン マウミ カビョウォジョッソヨ
重かった心が軽くなりました。

□ 가볍다 カビョプタ
⊕ 軽い

ヘヨ体
가벼워요 カビョウォヨ 軽いです

活用 〔ㅂ変則〕
❶ 가볍 カビョプ ❷ 가벼우 カビョウ ❸ 가벼워 カビョウォ

例文 ❸ 丁寧
그 연락을 들어 되게 발걸음이 ク ヨルラグル トゥロ トゥェゲ パルゴルミ
가벼워요. カビョウォヨ
その連絡を聞いて、かなり足取りが軽いです。

□ 검색 コムセク
⊛ 検索 ★

□ 삭제 サクチェ
⊛ 削除 ★

□ 메일 メイル
⊛ メール

□ 휴대폰 ヒュデポン
⊛ 携帯電話

□ 보존 ポジョン
⊛ 保存 ★

□ 충전 チュンジョン
⊛ 充電 ★

□ 동영상 トンヨンサン
⊛ 動画

□ 앱 エプ
⊛ アプリ

暮らし → 生活

## 하다
**ハ ダ**

動 する

**ヘヨ体**
해요 **ヘ ヨ** します

**活用**
① 하 **ハ** ② 하 **ハ** ③ 해 **ヘ**

**例文** ① 進行／継続
요즘 어떤 일을 하고
**ヨ ジュム オ ット イルル ハ ゴ**
있어요？
**イ ッソ ヨ**
最近、どんな仕事をしていますか?

手入れをする
ハダ（肌）
하다

## 일하다
**イ ラ ダ**

動 働く

**ヘヨ体**
일해요 **イ レ ヨ** 働きます

**活用**
① 일하 **イ ラ** ② 일하 **イ ラ** ③ 일해 **イ レ**

**例文** ③ 丁寧な過去
밤늦게까지 일했어요.
**パム ヌッ ケ ッカ ジ イ レッ ソ ヨ**
夜遅くまで働きました。

## 살다
**サル ダ**

動 住む／暮らす／生きる

**ヘヨ体**
살아요 **サ ラ ヨ** 住みます

**活用**〔ㄹ語幹〕
① 살/사 **サル サ** ② 살/사 **サル サ** ③ 살아 **サ ラ**

**例文** ① 現在連体形
서울에 사는 사람들이
**ソ ウ レ サ ヌン サ ラムドゥ リ**
많아요.
**マ ナ ヨ**
ソウルに住んでいる人が多いです。

□ 가지다
（カジダ）
動 持つ

ヘヨ体
가져요 持ちます
（カジョヨ）

活用
❶ 가지（カジ） ❷ 가지（カジ） ❸ 가져（カジョ）

例文 ❶ 進行／継続
여권을 가지고 있어요.
（ヨクォヌル カジゴ イッソヨ）
パスポートを持っています。

---

□ 잃다
（イルタ）
動 なくす／奪われる

ヘヨ体
잃어요 なくします
（イロヨ）

活用
❶ 잃（イル） ❷ 잃으（イルウ） ❸ 잃어（イロ）

例文 ❷ 仮定
놀이공원에서 길을 잃으면 안 돼요
（ノリゴンウォネソ キルル イルミョン アン ドェヨ）
遊園地で道に迷ったらいけません。

---

□ 죽다
（チュクタ）
動 死ぬ

ヘヨ体
죽어요 死にます
（チュゴヨ）

活用
❶ 죽（チュク） ❷ 죽으（チュグ） ❸ 죽어（チュゴ）

例文 ❷ 過去連体形
죽은 강아지가 생각났어요.
（チュグン カン ア ジ ガ センガンナッソ ヨ）
亡くなった犬を思い出しました。

---

□ 끼치다
（ッキチダ）
動 与える／およぼす

ヘヨ体
끼쳐요 与えます
（ッキチョヨ）

活用
❶ 끼치（ッキチ） ❷ 끼치（ッキチ） ❸ 끼쳐（ッキチョ）

例文 ❷ 仮定
폐를 끼치면 안 돼요.
（ペルル ッキチミョン アン ドェヨ）
迷惑をかけたらいけません。

## 家族
カジョク
가족

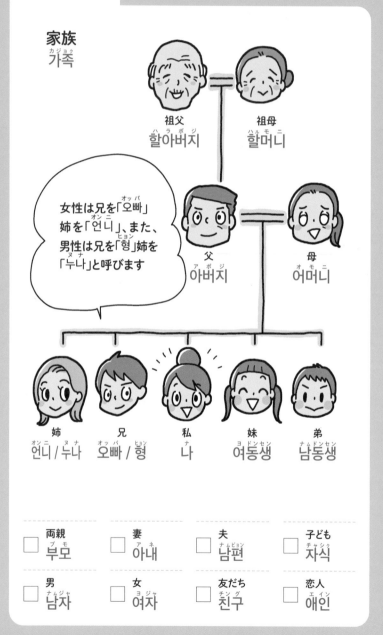

祖父
ハラボジ
할아버지

祖母
ハルモニ
할머니

女性は兄を「오빠」
オッパ
姉を「언니」、また、
オンニ
男性は兄を「형」姉を
ヒョン
「누나」と呼びます
ヌナ

父
アボジ
아버지

母
オモニ
어머니

姉
オンニ / ヌナ
언니 / 누나

兄
オッパ / ヒョン
오빠 / 형

私
ナ
나

妹
ヨドンセン
여동생

弟
ナムドンセン
남동생

☐ 両親
プモ
부모

☐ 妻
アネ
아내

☐ 夫
ナムピョン
남편

☐ 子ども
チャシク
자식

☐ 男
ナムジャ
남자

☐ 女
ヨジャ
여자

☐ 友だち
チング
친구

☐ 恋人
エイン
애인

職業
チ ゴブ
직업

看護師
カ ノ サ
간호사

医者
ウイ サ
의사

学生
ハ ク セン
학생

先生
ソンセンニム
선생님

会社員
フェサウォン
회사원

歌手
カ ス
가수

料理人
ヨ リ サ
요리사

俳優
ベ ウ
배우

店員
チョ ム ウォン
점원

客
ソンニム
손님

| | | | |
|---|---|---|---|
| ☐ 経営者<br>キョンヨンジャ<br>경영자 | ☐ 事務員<br>シ ム ウォン<br>사무원 | ☐ 運転手<br>ウンジョンサ<br>운전사 | ☐ 販売員<br>パンメウォン<br>판매원 |
| ☐ アルバイト<br>ア ル バ イトゥ<br>아르바이트 | ☐ カメラマン<br>カ メ ラ メン<br>카메라맨 | ☐ 漫画家<br>マ ヌ ガ<br>만화가 | ☐ コメディアン<br>ケ グ メン<br>개그맨 |

□ **이기다**
<sup>イ</sup><sup>ギ</sup><sup>ダ</sup>
動 勝つ

ヘヨ体
**이겨요** 勝ちます
<sup>イ</sup><sup>ギョ</sup>

活用
❶ 이기 ❷ 이기 ❸ 이겨
<sup>イギ</sup> <sup>イギ</sup> <sup>イギョ</sup>

例文 ❶ 進行／継続
1대 0으로 이기고
<sup>イルテ</sup> <sup>ヨンウロ</sup> <sup>イギゴ</sup>
있어요.
<sup>イッソヨ</sup>
1対0で勝っています。

勝つのが
イギダ（意義だ）
이기다

□ **지다**
<sup>チ</sup><sup>ダ</sup>
動 負ける

ヘヨ体
**져요** 負けます
<sup>チョヨ</sup>

活用
❶ 지 ❷ 지 ❸ 져
<sup>チ</sup> <sup>チ</sup> <sup>チョ</sup>

例文 ❶ 進行／継続
응원하고 있는 팀이 지고
<sup>ウンウォナゴ</sup> <sup>シルリョグル</sup> <sup>インヌン</sup> <sup>ティミ</sup> <sup>チゴ</sup>
있어요.
<sup>イッソヨ</sup>
応援しているチームが負けています。

□ **인정하다**
<sup>インジョン</sup><sup>ハ</sup><sup>ダ</sup>
動 認める

ヘヨ体
**인정해요** 認めます
<sup>インジョン</sup><sup>ヘ</sup><sup>ヨ</sup>

活用
❶ 인정하 ❷ 인정하 ❸ 인정해
<sup>インジョンハ</sup> <sup>インジョンハ</sup> <sup>インジョンヘ</sup>

例文 ❶ 進行／継続
코치가 실력을 인정하고 있어요.
<sup>コチガ</sup> <sup>シルリョグル</sup> <sup>インジョンハゴ</sup> <sup>イッソヨ</sup>
コーチが実力を認めています。

90

## □ 할 수 있다
ハル ス イッ タ

動 できる

**ヘヨ体**
할 수 있어요 できます
ハル ス イッ ソ ヨ

**活用**
❶ 할 수 있
ハル ス イッ
❷ 할 수 있으
ハル ス イッス
❸ 할 수 있어
ハル ス イッ ソ

**例文** ❷ 仮定
회화를 할 수 있으면
フェ ファ ルル ハル ス イッスミョン
좋겠어요.
チョ ケッソ ヨ
会話ができればいいな。

---

## □ 잘하다
チャ ラ ダ

形 上手だ

**ヘヨ体**
잘해요 上手です
チャ レ ヨ

**活用**
❶ 잘하
チャ ラ
❷ 잘하
チャ ラ
❸ 잘해
チャ レ

**例文** ❸ 丁寧
그 사람은 한국어를 잘해요.
ク サ ラ ムン ハング ゴ ルル チャ レ ヨ
彼は韓国語が上手です。

---

## □ 서투르다
ソ トゥ ル ダ

形 下手だ

**ヘヨ体**
서툴러요 下手です
ソ トゥ ル ロ ヨ

**活用** 〔르変則〕
❶ 서투르
ソ トゥ ル
❷ 서투르
ソ トゥ ル
❸ 서툴러
ソ トゥ ル ロ

**例文** ❸ 丁寧
한국말은 아직 서툴러요.
ハングン マ ルン ア ジク ソ トゥ ル ロ ヨ
まだ、韓国語は下手です。

---

## □ 도전
ト ジョン

名 挑戦 ★

---

## □ 열심
ヨル シ ム

名 熱心

---

## □ 운동
ウン ドン

名 運動 ★

---

## □ 응원
ウン ウォン

名 応援 ★

91

## □ 묻다
ムッ タ

動 聞く／尋ねる

[ヘヨ体]
물어요 聞きます
ム ロ ヨ

[活用]〔ㄷ変則〕
❶ 묻 ❷ 물으 ❸ 물어
ムッ　　　ム ル　　　ム ロ

[例文] ❸ 丁寧な過去
친구에게 물었어요.
チン グ エ ゲ　ム ロッ ソ ヨ
友だちに尋ねました。

同じことを聞くので
**ムッタ**とした
묻다
**(むっとした)**

チョコ 買っていい?

ねえ チョコ

## □ 배우다
ベ ウ ダ

動 習う／学ぶ

[ヘヨ体]
배워요 習います
ベ ウォ ヨ

[活用]
❶ 배우 ❷ 배우 ❸ 배워
ベ ウ　　ベ ウ　　ベ ウォ

[例文] ❶ 自分の意志／推測
한국어를 배우겠습니다.
ハン グ ゴ ルル ベ ウ ゲッ スム ニ ダ
韓国語を習います。

## □ 가르치다
カ ル チ ダ

動 教える

[ヘヨ体]
가르쳐요 教えます
カ ル チョ ヨ

[活用]
❶ 가르치 ❷ 가르치 ❸ 가르쳐
カ ル チ　　カ ル チ　　カ ル チョ

[例文] ❸ 要望／命令
이 뜻을 좀 가르쳐 주세요.
イ ットゥスル チョム カ ル チョ ジュ セ ヨ
ちょっとこの意味を教えてください。

□ 풀<sup>プ</sup>다<sup>ル ダ</sup>

動 解く

**ヘヨ体**
풀어요<sup>プ ル ヨ</sup> 解きます

活用 〔ㄹ語幹〕
❶ 풀 / 푸<sup>プル プ</sup> ❷ 풀 / 푸<sup>プル プ</sup> ❸ 풀어<sup>プルロ</sup>

例文 ❸ 試み
이 문제를 풀어 보세요.<sup>イ ムンジェルル プ ロ ボ セ ヨ</sup>
この問題を解いみてください。

---

□ 쓰<sup>ッ ス</sup>다<sup>ダ</sup>

動 書く／使う 形 苦い

**ヘヨ体**
써요<sup>ッ ソ ヨ</sup> 書きます

活用 〔으変則〕
❶ 쓰<sup>ッス</sup> ❷ 쓰<sup>ッス</sup> ❸ 써<sup>ッソ</sup>

例文 ❸ 丁寧
편지를<sup>ピョンジルル</sup>
써요.<sup>ッソ ヨ</sup>
手紙を書きます。

POINT
「書く」以外に、「苦い」
「使う」「被る」「差す」
「(気を)使う」など
の意味があります。

---

□ 읽<sup>イ ク</sup>다<sup>タ</sup>

動 読む

**ヘヨ体**
읽어요<sup>イ ル ゴ ヨ</sup> 読みます

活用
❶ 읽<sup>イク</sup> ❷ 읽으<sup>イルグ</sup> ❸ 읽어<sup>イルゴ</sup>

例文 ❸ 試み
이 책도 읽어 보세요.<sup>イ チェクト イルゴ ボ セ ヨ</sup>
この本も読んでみてください。

---

□ 생<sup>セン</sup>각<sup>ガ</sup>하<sup>カ</sup>다<sup>ダ</sup>

動 考える／思う

**ヘヨ体**
생각해요<sup>センガ ケ ヨ</sup> 考えます

活用
❶ 생각하<sup>センガカ</sup> ❷ 생각하<sup>センガカ</sup> ❸ 생각해<sup>センガケ</sup>

例文 ❸ 丁寧
하루 종일 그녀만<sup>ハ ル ジョンイル クニョマン</sup>
생각해요.<sup>センガ ケ ヨ</sup>
一日中、彼女のことばかり考えています。

## □ 잊다
イッ タ

動 忘れる

ヘヨ体
잊어요 忘れます
イ ジョ ヨ

活用
❶ 잊 イッ ❷ 잊으 イジュ ❸ 잊어 イジョ

例文 ❶ 禁止の命令
이 단어를 잊지 마세요.
イ タノルル イッ チ マ セ ヨ
この単語を忘れないでください。

「忘れるように」と
イッタ（言った）
잊다

## □ 외우다
ウェ ウ ダ

動 覚える

ヘヨ体
외워요 覚えます
ウェウォ ヨ

活用
❶ 외우 ウェウ ❷ 외우 ウェウ ❸ 외워 ウェウォ

例文 ❸ 要望／命令
발음을 외워 주세요.
パ ル ムル ウェウォ ジュ セ ヨ
発音を覚えてください。

## □ 혼나다
ホン ナ ダ

動 叱られる

ヘヨ体
혼나요 叱られます
ホン ナ ヨ

活用
❶ 혼나 ホン ナ ❷ 혼나 ホン ナ ❸ 혼나 ホン ナ

例文 ❸ 丁寧な過去
어제 선생님한테 혼났어요.
オ ジェ ソンセンニムハン テ ホン ナッソ ヨ
昨日、先生に叱られました。

□ **세다** 〔セダ〕
動 **数える**　形 **強い**

〔ヘヨ体〕
**세요** 〔セヨ〕 数えます

〔活用〕
❶ 세 〔セ〕　❷ 세 〔セ〕　❸ 세 (어) 〔セ(オ)〕

〔例文〕 ❸ 試み
**하나 둘 세어 보세요.** 〔ハナ トゥル セオ ボセヨ〕
ひとつふたつ、数えてみてください。

□ **공부** 〔コンブ〕
名 **勉強** ★

□ **회화** 〔フェフワ〕
名 **会話**

□ **연습** 〔ヨンスプ〕
名 **練習** ★

□ **시험** 〔シホム〕
名 **試験**

□ **노력** 〔ノリョク〕
名 **努力** ★

□ **대답** 〔テダプ〕
名 **答え** ★

POINT
「対答」という漢字語で、「返事」や「返信」とも訳せます。「답」だけで問題の「答え」という意味になります。

□ **제출** 〔チェチュル〕
名 **提出** ★

□ **출석** 〔チュルソク〕
名 **出席** ★

□ **결석** 〔キョルソク〕
名 **欠席** ★

□ **참가** 〔チャムガ〕
名 **参加** ★

□ **교실** 〔キョシル〕
名 **教室**

같이 공부하자!
一緒に勉強しよう！

| | | | |
|---|---|---|---|
| 韓国語<br>한국어 | ハングル<br>한글 | 日本語<br>일본어 | 英語<br>영어 |
| 数学<br>수학 | 科学<br>과학 | 体育<br>체육 | 国語<br>국어 |
| 社会<br>사회 | 歴史<br>역사 | 美術<br>미술 | 音楽<br>음악 |
| 言葉<br>말 | 話<br>이야기 | 学校<br>학교 | 宿題<br>숙제 |

MEMO

韓国では、小学校を「초등학교」、中学校を「중학교」、高等学校を「고등학교」と言います。また大学は、正式には大学校「대학교」と言いますが、一般的な会話やドラマなどでは「대학」と使われています。

便せん
<sub>ピョンジジ</sub>
편지지

文具
<sub>ムング</sub>
문구

シール
<sub>スティコ</sub>
스티커

のり
<sub>プル</sub>
풀

万年筆
<sub>マンニョンピル</sub>
만년필

鉛筆
<sub>ヨンピル</sub>
연필

はさみ
<sub>カウィ</sub>
가위

本
<sub>チェク</sub>
책

ペン
<sub>ペン</sub>
펜

消しゴム
<sub>チウゲ</sub>
지우개

教科書
<sub>キョグァソ</sub>
교과서

수학

筆箱
<sub>ピルトン</sub>
필통

ノート
<sub>ノトゥ</sub>
노트

---

✏️ MEMO

文具店に行くと、メモ帳「메모장」や手帳「수첩」、ふせん「포스트잇」、カード「카드」といった紙製のアイテムを数多く見つけることができます。伝統の絵柄を使ったものからキャラクターものまで、幅広いのでお土産にピッタリです。

## □열다
動 開ける

**ヘヨ体**
열어요 開けます

**活用**〔ㄹ語幹〕
❶ 열/여 ❷ 열/여 ❸ 열어

**例文** ❸ 要望／命令
チャン ム ヌル ヨ ロ ジュ セ ヨ
창문을 열어 주세요.
窓を開けてください。

店を開けるのは
ヨルダ（夜だ）
열다

## □닫다
動 閉める／ふさぐ

**ヘヨ体**
タ ダ
닫아요 閉めます

**活用**
❶ 닫 ❷ 닫으 ❸ 닫아

**例文** ❶ 禁止の命令
チャン ム ヌル タッチ マ セ ヨ
창문을 닫지 마세요.
窓を閉めないでください。

## □당기다
動 引く／繰り上げる

**ヘヨ体**
タンギョ ヨ
당겨요 引きます

**活用**
❶ 당기 ❷ 당기 ❸ 당겨

**例文** ❷ 仮定
ム ヌル ア プ ロ タン ギ ミョン ドゥェ ヨ
문을 앞으로 당기면 돼요?
扉を前に引っ張ればいいですか?

## 밀다
ミルダ

動 押す

ヘヨ体
밀어요 押します
ミロヨ

活用 〔ㄹ語幹〕
❶ 밀/미 ❷ 밀/미 ❸ 밀어
 ミル/ミ    ミル/ミ    ミロ

例文 ❸ 試み
살짝 밀어 보세요.
サルチャク ミロ ボ セ ヨ
少し押してみてください。

---

## 넓다
ノルタ

形 広い

ヘヨ体
넓어요 広いです
ノルボヨ

活用
❶ 넓 ❷ 넓으 ❸ 넓어
 ノル   ノルブ   ノルボ

例文 ❶ 羅列／順序
이 방은 넓고 좋아요.
イ バンウン ノルコ チョアヨ
この部屋は広くていいです。

---

## 좁다
チョプタ

形 狭い

ヘヨ体
좁아요 狭いです
チョバヨ

活用
❶ 좁 ❷ 좁으 ❸ 좁아
 チョプ  チョプ   チョバ

例文 ❷ 現在の推測
부엌이 좁은 것 같아요.
プ オ ギ チョブン ゴッ カ タ ヨ
台所が狭いようです。

---

## 문
ムン

名 ドア

---

## 집
チプ

名 家

---

## 창문
チャンムン

名 窓

---

## 아파트
ア パ トゥ

名 マンション

## 켜다
キョダ

動 (電気を)つける

〈ヘヨ体〉
켜요 つけます
キョヨ

活用
❶켜 ❷켜 ❸켜
キョ キョ キョ

例文 ❸ 要望／命令
불을 켜 주세요.
ブル キョ ジュセヨ
電気をつけてください。

電気をつける
新キョダ（新居だ）
켜다

## 끄다
ックダ

動 消す

〈ヘヨ体〉
꺼요 消します
ッコヨ

活用 〔으変則〕
❶끄 ❷끄 ❸꺼
ック ック ッコ

例文 ❸ 許諾／許容
텔레비전을 꺼도 돼요?
テルレビジョヌル ッコド ドゥェヨ
テレビを消してもいいですか?

## 짓다
チッタ

動 建てる

〈ヘヨ体〉
지어요 建てます
チオヨ

活用 〔ㅅ変則〕
❶짓 ❷지으 ❸지어
チッ チウ チオ

例文 ❸ 丁寧な過去
멋진 집을 지었어요.
モッチン チブル チオッソヨ
素敵な家を建てました。

100

□ 넣다
動 入れる

〔ヘヨ体〕
넣어요 入れます

〔活用〕
❶ 넣 ❷ 넣으 ❸ 넣어

〔例文〕 ❸ 試み
여기에 넣어 보세요.
ここに入れてみてください。

□ 지내다
動 過ごす

〔ヘヨ体〕
지내요 過ごします

〔活用〕
❶ 지내 ❷ 지내 ❸ 지내

〔例文〕 ❶ 決心
사이좋게 지내기로
했어요.
仲良く過ごすことにしました。

□ 청소
名 掃除 ★

□ 정리
名 整理 ★

□ 변화
名 変化 ★

□ 공기
名 空気

□ 청결
名 清潔 ★

□ 불결
名 不潔 ★

□ 기분전환
名 気分転換

□ 생활
名 生活 ★

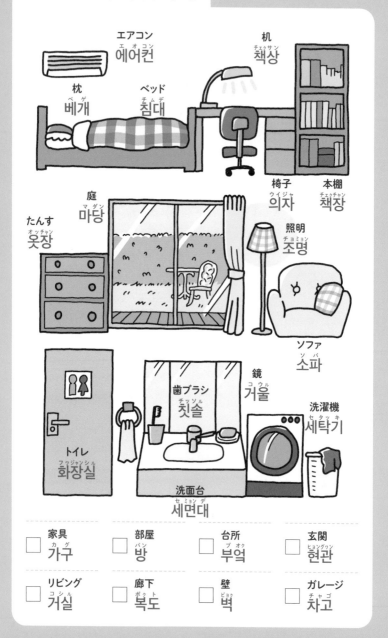

エアコン
エオコン
에어컨

机
チェクサン
책상

枕
ベゲ
베개

ベッド
チムデ
침대

椅子
ウィジャ
의자

本棚
チェクチャン
책장

庭
マダン
마당

たんす
オッチャン
옷장

照明
チョミョン
조명

ソファ
ソパ
소파

トイレ
ファジャンシル
화장실

歯ブラシ
チッソル
칫솔

鏡
コウル
거울

洗濯機
セタッキ
세탁기

洗面台
セミョンデ
세면대

| | | | |
|---|---|---|---|
| ☐ 家具<br>カグ<br>가구 | ☐ 部屋<br>バン<br>방 | ☐ 台所<br>ブオク<br>부엌 | ☐ 玄関<br>ヒョングァン<br>현관 |
| ☐ リビング<br>コシル<br>거실 | ☐ 廊下<br>ボクト<br>복도 | ☐ 壁<br>ビョク<br>벽 | ☐ ガレージ<br>チャゴ<br>차고 |

☐ **食器**
クルッ
그릇

☐ **皿**
チョプ シ
접시

☐ **コップ**
コプ
컵

☐ **箸**
チョッ カ ラッ
젓가락

☐ **スプーン**
スッ カ ラッ
숟가락

☐ **フォーク**
ポ ク
포크

☐ **包丁**
カル
칼

☐ **まな板**
ト マ
도마

☐ **やかん**
チュジョンジャ
주전자

☐ **鍋**
ネン ビ
냄비

☐ **フライパン**
プ ラ イ ペン
프라이팬

☐ **トング**
チプ ケ
집게

☐ **冷蔵庫**
ネンジャンゴ
냉장고

☐ **食器洗浄機**
シッ キ セ チョッ キ
식기세척기

☐ **電子レンジ**
チョンジャ レ イン ジ
전자레인지

☐ **電気ポット**
チョン ギ ポ トゥ
전기포트

> POINT
> 韓国にはキムチを入れるための
> キム チ ネ ジャンゴ
> 「김치냉장고」もあります。

☐ **トースター**
ト ス トゥ ギ
토스트기

☐ **ミキサー**
ミ クソン ギ
믹서기

☐ **コーヒーメーカー**
コ ビ モ シン
커피머신

☐ **ゴミ箱**
ッス レ ギ トン
쓰레기통

☐ **換気扇**
ファンギ ペン
환기팬

☐ **エプロン**
アプ チ マ
앞치마

旅行

気持ちを伝える

日常生活

美容・ファッション

趣味・エンタメ

## 굽다
クプ タ

動 焼く

ヘヨ体
구워요 焼きます
ク ウォ ヨ

活用 〔ㅂ変則〕
❶ 굽 ❷ 구우 ❸ 구워
クプ　　　ク ウ　　　ク ウォ

例文 ❶ 願望
빵을 맛있게 굽고 싶어요.
ッパンウル マ シッケ クプコ シ ポ ヨ
パンをおいしく焼きたいです。

パンを焼くのは
怪獣のクプクプタ
（クプクプだ）　굽다

## 볶다
ポ ク タ

動 炒める

ヘヨ体
볶아요 炒めます
ポッカ ヨ

活用
❶ 볶 ❷ 볶으 ❸ 볶아
ポク　　ポック　　ポッカ

例文 ❷ 仮定
양파를 볶으면 맛있어요.
ヤン パ ルル ポックミョン マ シッソ ヨ
玉ねぎを炒めると美味しいです。

## 튀기다
トゥィ ギ ダ

動 揚げる／はじく

ヘヨ体
튀겨요 揚げます
トゥィギョ ヨ

活用
❶ 튀기 ❷ 튀기 ❸ 튀겨
トゥィ ギ　　トゥィ ギ　　トゥィギョ

例文 ❸ 丁寧
닭고기를 기름에
タク コ ギルル キ ル メ
튀겨요.
トゥィギョ ヨ
鶏肉を油で揚げます。

POINT
「揚げもの」は
「튀김」です。
トゥィギム

# □ 삶다
サム タ

**動** ゆでる

**ヘヨ体**
サルマ ヨ
삶아요 ゆでます

（活用）
① 삶（サム） ② 삶으（サルム） ③ 삶아（サルマ）

（例文）③ 丁寧
ケラヌル サルマ ヨ
계란을 삶아요.
卵をゆでます。

# □ 끓이다
ックリダ

**動** 煮る／沸かす

**ヘヨ体**
ックリョ ヨ
끓여요 煮ます

（活用）
① 끓이（ックリ） ② 끓이（ックリ） ③ 끓여（ックリョ）

（例文）③ 丁寧な過去
ッチゲルル マ シッケ ックリョッソ ヨ
찌개를 맛있게 끓였어요.
鍋をおいしく煮込みました。

# □ 자르다
チャル ダ

**動** 切る

**ヘヨ体**
チャル ラ ヨ
잘라요 切ります

（活用）〔르変則〕
① 자르（チャル） ② 자르（チャル） ③ 잘라（チャルラ）

（例文）③ 要望／命令
イ ムルル チャルラ ジュセ ヨ
이 무를 잘라 주세요.
この大根を切ってください。

# □ 섞다
ソク タ

**動** 混ぜる

**ヘヨ体**
ソッコ ヨ
섞어요 混ぜます

（活用）
① 섞（ソク） ② 섞으（ソック） ③ 섞어（ソッコ）

（例文）① 進行／継続
ケラナゴ ウユルル ソッコ イッソ ヨ
계란하고 우유를 섞고 있어요.
卵と牛乳を混ぜています。

## □ 기르다
キ ル ダ

動 飼う／育てる

[ヘヨ体]
길러요 飼います
キ ル ロ ヨ

[活用] 〔르変則〕
❶ 기르 ❷ 기르 ❸ 길러
キ ル    キ ル    キ ル ロ

[例文] ❶ 進行／継続
고양이와 강아지를
コ ヤン イ ワ カン ア ジ ルル
기르고 있어요.
キ ル ゴ イッ ッ ヨ
猫と子犬を飼っています。

犬を飼うので、
この服をキルダろう
기르다
（着るだろう）

## □ 돌보다
ト ル ボ ダ

動 世話をする

[ヘヨ体]
돌봐요 世話をします
ト ル ボ ワ ヨ

[活用]
❶ 돌보 ❷ 돌보 ❸ 돌봐
ト ル ボ    ト ル ボ    ト ル ボ ワ

[例文] ❸ 要望／命令
아기를 돌봐 주세요.
ア ギ ル ル ト ル ボ ワ ジュ セ ヨ
赤ちゃんの世話をしてください。

## □ 줍다
チュ プ タ

動 拾う

[ヘヨ体]
주워요 拾います
チュ ウォ ヨ

[活用] 〔ㅂ変則〕
❶ 줍 ❷ 주우 ❸ 주워
チュプ    チュ ウ    チュ ウォ

[例文] ❷ 移動の目的
조개를 주우러 가요！
チョ ゲ ル ル チュ ウ ロ カ ヨ
貝を拾いに行きましょう!

□ **데리다** テ リ ダ
働 連れる

<ヘヨ体>
**데려요** テ リョ ョ 連れます

活用
❶ **데리** テ リ ❷ **데리** テ リ ❸ **데려** テ リョ

例文 ❶ 羅列／順序
**고양이를 데리고 병원에** コ ヤン イ ルル テ リ ゴ ビョウウォ ネ
**갔어요** カッ ソ ヨ
猫を連れて病院に行きました。

□ **성장** ソン ジャン
名 成長 ★

□ **보호** ポ ホ
名 保護 ★

□ **반려동물** パル リョ ドン ム ル
名 ペット

□ **동물** トン ム ル
名 動物

□ **개** ケ
名 犬

□ **고양이** コ ヤン イ
名 猫

□ **토끼** ト ッ キ
名 ウサギ

□ **햄스터** ヘ ム ス ト
名 ハムスター

□ **소** ソ
名 牛

□ **말** マ ル
名 馬

□ **닭** タ ク
名 ニワトリ

□ **새** セ
名 鳥

# 덥 다
<sup>トプ タ</sup>

形 暑い

ヘヨ体
더워요 暑いです
<sup>ト ウォ ヨ</sup>

活用 〔ㅂ変則〕
❶ 덥 ❷ 더우 ❸ 더워
<sup>トプ</sup> <sup>ト ウ</sup> <sup>ト ウォ</sup>

例文 ❸ 丁寧
오늘은 더워요.
<sup>オ ヌルン ト ウォ ヨ</sup>
今日は暑いです。

世界でもっとも
暑い国の
トプタ(トップだ)
덥다

---

# 춥 다
<sup>チュプ タ</sup>

形 寒い

ヘヨ体
주워요 寒いです
<sup>チュウォ ヨ</sup>

活用 〔ㅂ変則〕
❶ 춥 ❷ 추우 ❸ 추워
<sup>チュプ</sup> <sup>チュ ウ</sup> <sup>チュ ウォ</sup>

例文 ❷ 仮定
추우면 가지 마세요.
<sup>チュ ウ ミョン カ ジ マ セ ヨ</sup>
寒かったら行かないでください。

---

# 젖 다
<sup>チョッ タ</sup>

動 濡れる

ヘヨ体
젖어요 濡れます
<sup>チョジョ ヨ</sup>

活用
❶ 젖 ❷ 젖으 ❸ 젖어
<sup>チョッ</sup> <sup>チョジュ</sup> <sup>チョジョ</sup>

例文 ❸ 丁寧な過去
옷이 흠뻑 젖었어요.
<sup>オ シ フムポク チョジョッソ ヨ</sup>
服がびっしょり濡れました。

108

□ 마르다
マ ル ダ
動 乾く

ヘヨ体
말라요 乾きます
マ ル ラ ヨ

活用 〔르変則〕
❶ 마르 ❷ 마르 ❸ 말라
マ ル    マ ル    マ ル ラ

例文 ❸ 丁寧な過去
옷은 다 말랐어요.
オ スン タ マ ル ラッソ ヨ
服は全て乾きました。

□ 맑음
マ ル グ ム
名 晴れ

□ 비
ピ
名 雨

□ 흐림
フ リ ム
名 曇り

□ 바람
パ ラ ム
名 風

□ 구름
ク ル ム
名 雲

□ 눈
ヌ ン
名 雪

□ 태풍
テ プ ン
名 台風

□ 날씨
ナ ル ッ シ
名 天気

□ 태양
テ ヤ ン
名 太陽

□ 달
タ ル
名 月

□ 별
ピョ ル
名 星

□ 하늘
ハ ヌ ル
名 空

 おさらいドリル… **3** *Column*

第3章でも、たくさんの名詞が登場しました。名詞のなかには、「○○する」の意味を持つ「하다（ハダ）」をつけるだけで動詞になることを覚えていますか？　ここでは、「名詞」と、その名詞を「ハダ動詞にしてできる訳」を線で結びましょう。

| トジョン 도전 | チャムガ 참가 | ウンドン 운동 | コムセク 검색 |
|---|---|---|---|
| ・ | ・ | ・ | ・ |

| ・ | ・ | ・ | ・ |
|---|---|---|---|
| 検索する | 参加する | 挑戦する | 運動する |

---

| ソゲ 소개 | サクチェ 삭제 | キョロン 결혼 | チュンジョン 충전 |
|---|---|---|---|
| ・ | ・ | ・ | ・ |

| ・ | ・ | ・ | ・ |
|---|---|---|---|
| 充電する | 結婚する | 削除する | 紹介する |

**答え** 左上から、도전하다（挑戦する）、참가하다（参加する）、운동하다（運動する）、검색하다（検索する）、소개하다（紹介する）、삭제하다（削除する）、결혼하다（結婚する）、충전하다（充電する）

名詞を覚えただけで語彙が2倍になるので、「하다」（ハダ）」はすごく便利な言葉。せっかく名詞を覚えたのならハダ動詞・ハダ形容詞もあわせて覚えてしまいましょう。

# 美容・
# ファッションで
# 使える
# 単語

# □ 깎다
ツカク タ

勤 値引きする

（ヘヨ体）
ツカッカ ヨ
깎아요 値引きします

（活用）
① ツカク 깎 ② ツカック 깎으 ③ ツカッ カ 깎아

（例文）③ 要望／命令
チョム ツカッカ ジュ セ ヨ
좀 깎아 주세요.
ちょっと値引きしてください。

値引きする
ツカクタイキョウ
깎다
（拡大鏡）

30%
OFF

30%
OFF

---

# □ 마음에 들다
マ ウ メ トゥル タ

勤 気に入る

（ヘヨ体）
マ ウ メ トゥロ ロ ヨ
마음에 들어요 気に入ります

（活用）〔ㄹ語幹〕① マ ウ メ トゥル ト 마음에 들 / 드
② マ ウ メ トゥル ト 마음에 들 / 드 ③ マ ウ メ トゥ ロ 마음에 들어

（例文）② 仮定
マ ウ メ トゥルミョン イ ゴル サ セ ヨ
마음에 들면 이걸 사세요.
気に入ったらこれを買ってください。

---

# □ 매진되다
メ ジン ドゥェ ダ

勤 売り切れる

（ヘヨ体）
メ ジンドゥェ ヨ
매진돼요 売り切れます

（活用）
① メ ジンドゥェ 매진되 ② メ ジンドゥェ 매진되 ③ メ ジンドゥェ 매진돼

（例文）③ 丁寧な過去
コン ソ トゥ ピョ ガ タ メ ジンドゥェッソ ヨ
콘서트 표가 다 매진됐어요.
コンサートのチケットは売り切れました。

□ **어울리다** オウルリダ
動 似合う

活用
❶ 어울리 オウルリ
❷ 어울리 オウルリ
❸ 어울려 オウルリョ

ヘヨ体
**어울려요** オウルリョヨ 似合います

例文 ❸ 丁寧
모자가 잘 **어울려요**. モジャガ チャル オウルリョヨ
帽子がよくお似合いです。

□ **싸다** ッサダ
動 包む

活用
❶ 싸 ッサ
❷ 싸 ッサ
❸ 싸 ッサ

ヘヨ体
**싸요** ッサヨ 包みます

例文 ❸ 要望／命令
이거 좀 **싸** 주세요. イゴ チョム ッサ ジュセヨ
ちょっとこれを包んでください。

□ **쇼핑** ショピング
名 買い物 ★

□ **포장** ポジャン
名 包装／持ち帰り ★

□ **덤** トム
名 おまけ

□ **무료** ムリョ
名 無料

□ **교환** キョファン
名 交換 ★

□ **파는 것** パヌン ゴッ
名 売り物

□ **판매** パンメ
名 販売 ★

□ **발견** パルギョン
名 発見 ★

## □ 입다
イプ タ

**動** 着る

（ヘヨ体）
입어요 着ます
イ ボ ヨ

（活用）
❶ 입 ❷ 입으 ❸ 입어
イプ / イプ / イ ボ

（例文）❸ 試み
이 옷 입어 보세요.
イ オッ イ ボ ボ セ ヨ
この服を着てみてください。

着るのはイプタ
입다
（イノブタ）の
ぬいぐるみ

イノブタ

---

## □ 신다
シン タ

**動** 履く

（ヘヨ体）
신어요 履きます
シ ノ ヨ

（活用）
❶ 신 ❷ 신으 ❸ 신어
シン / シ ヌ / シ ノ

（例文）❷ 過去連体形
신발 신은 채로 괜찮아요 ?
シンバル シ ヌン チェ ロ クェンチャ ナ ヨ
靴を履いたままで大丈夫ですか?

---

## □ 벗다
ポッ タ

**動** 脱ぐ

（ヘヨ体）
벗어요 脱ぎます
ポ ソ ヨ

（活用）
❶ 벗 ❷ 벗으 ❸ 벗어
ポッ / ポ ス / ポ ソ

（例文）❶ 羅列／順序
윗옷을 벗고 입어 보세요.
ウィ ドスル ポッ コ イ ボ ボ セ ヨ
上着を脱いで着てみてください。

□ 시험하다
シ ホ マ ダ

動 試す

ヘヨ体
시험해요 試します
シ ホ メ ヨ

活用
① 시험하 ② 시험하 ③ 시험해
シ ホ マ　　シ ホ マ　　シ ホ メ

例文 ③ 試み
여기서 한번 **시험해** 보세요.
ヨ ギ ソ ハンボン シ ホ メ ボ セ ヨ
ここで一度試してみてください。

---

□ 고치다
コ チ ダ

動 直す

ヘヨ体
고쳐요 直します
コ チョ ヨ

活用
① 고치 ② 고치 ③ 고쳐
コ チ　　コ チ　　コ チョ

例文 ② 仮定
이 옷은 조금만 **고치면** 돼요.
イ オ スン チョグムマン コ チ ミョン ドゥェ ヨ
この服はちょっとだけ直せばいいです。

---

□ 감다
カ ム タ

動 巻く

ヘヨ体
감아요 巻きます
カ マ ヨ

活用
① 감 ② 감으 ③ 감아
カ ム　　カ ム　　カ マ

例文 ③ 試み
이 머플러를 목에 **감아**
イ モ プ ル ロ ル ル モ ゲ カ マ
보세요.
ボ セ ヨ
このマフラーを首に巻いてみてください。

---

□ 피팅룸
ピ ティン ルム

名 試着室

□ 다른 색깔
タ ルン セッ カル

名 色ちがい

□ 새 것
セ ゴッ

名 新品

□ 반품
パン プム

名 返品 ★

## 길다
キルダ

**形** 長い

**ヘヨ体**
길어요 長いです
キ ロ ヨ

**活用** 〔ㄹ語幹〕
❶ 길/기 ❷ 길/기 ❸ 길어
キル キ    キル キ    キ ロ

**例文** ❶ 感嘆／同意
소매가 좀 기네요.
ソ メ ガ チョム キ ネ ヨ
袖がちょっと長いですね。

この服は長い間
キルダろう
길다
(着るだろう)

## 짧다
ッチャル タ

**形** 短い

**ヘヨ体**
짧아요 短いです
ッチャル バ ヨ

**活用**
❶ 짧 ❷ 짧으 ❸ 짧아
ッチャル    ッチャル ブ    ッチャル バ

**例文** ❸ 丁寧
바지가 좀 짧아요.
パ ジ ガ チョム ッチャル バ ヨ
ズボンがちょっと短いです。

## 여유가 없다
ヨ ユ ガ オプ タ

**動** 余裕がない

**ヘヨ体**
여유가 없어요 余裕がありません
ヨ ユ ガ オプ ソ ヨ

**活用**
❶ 여유가 없
ヨ ユ ガ オプ
❷ 여유가 없으 ❸ 여유가 없어
ヨ ユ ガ オプス    ヨ ユ ガ オプソ

**例文** ❸ 丁寧
품이 여유가 없어요.
プ ミ ヨ ユ ガ オプ ソ ヨ
身幅に余裕がありません。

□ **같다** カッ タ
㊙ 同じだ

ヘヨ体
**같아요** カ タ ョ 同じです

活用
❶ **같** カッ ❷ **같으** カ トゥ ❸ **같아** カ タ

例文 ❷ 現在連体形
**같은 디자인이 좋아요.** カ トゥン ティジャイ ニ チョア ョ
同じデザインがいいです。

---

□ **다르다** タ ル ダ
㊙ 異なる

ヘヨ体
**달라요** タ ル ラ ョ 異なります

活用 〔르変則〕
❶ **다르** タ ル ❷ **다르** タ ル ❸ **달라** タル ラ

例文 ❷ 現在連体形
**다른 색깔은 없어요 ?** タ ルン セッ カ ルン オプ ソ ョ
他の色はありませんか?

---

□ **드물다** トゥ ム ル ダ
㊙ 珍しい

ヘヨ体
**드물어요** トゥ ム ロ ョ 珍しいです

活用 〔ㄹ語幹〕 ❶ **드물 / 드무** トゥ ムル トゥム
❷ **드물 / 드무** トゥ ムル トゥ ム ❸ **드물어** トゥ ム ロ

例文 ❷ 現在連体形
**매우 드문 디자인이에요.** メ ウ ドゥムン ティジャイ ニ エ ョ
とても珍しいデザインです。

---

□ **동그라미** トン グ ラ ミ
㊙ 丸

□ **세모** セ モ
㊙ 三角

□ **네모** ネ モ
㊙ 四角

□ **마름모** マ ルン モ
㊙ ひし形

# ファッション
## 패션

リュック
배낭

カーディガン
가디건

ズボン
바지

靴下
양말

スニーカー
스니커즈

ジャケット
재킷

ワンピース
원피스

ハンドバック
핸드백

靴
신발

帽子
모자

革靴
구두

スーツ
정장

| | 服<br>옷 | | スカート<br>치마 | | シャツ<br>셔츠 | | ブラウス<br>블라우스 |
|---|---|---|---|---|---|---|---|
| ☐ | 長袖<br>긴소매 | ☐ | 半袖<br>반소매 | ☐ | ハイネック<br>폴라 | ☐ | 丸首<br>라운드넥 |
| ☐ | かばん<br>가방 | ☐ | タイツ<br>타이즈 | ☐ | ニット帽<br>털모자 | ☐ | マフラー<br>머플러 |

118

| | | | |
|---|---|---|---|
| □ アクセサリー<br>エクセサリ<br>액세서리 | □ ネックレス<br>モッコリ<br>목걸이 | □ ピアス<br>ピオシン<br>피어싱 | □ イヤリング<br>クィゴリ<br>귀걸이 |
| □ 指輪<br>パンジ<br>반지 | □ ブレスレット<br>パルチ<br>팔찌 | □ カフス<br>コプス<br>커프스 | □ ブローチ<br>ブロチ<br>브로치 |
| □ 腕時計<br>ソンモクシゲ<br>손목시계 | □ シュシュ<br>コプチャンベンドゥ<br>곱창밴드 | □ ヘアバンド<br>ヘオベンドゥ<br>헤어밴드 | □ スカーフ<br>スカプ<br>스카프 |
| □ ヘアピン<br>モリピン<br>머리핀 | □ ヘアゴム<br>モリックン<br>머리끈 | □ サングラス<br>ソングルラス<br>선글라스 | □ メガネ<br>アンギョン<br>안경 |

✎ MEMO

プチプラアクセサリーが豊富な韓国。中には「수제품(手作り)と書かれた、ハンドメイドも人気があります。サイズが合わないときは、「더 작은／큰 사이즈 없어요?」(もっと小さい／大きいサイズはありませんか?)と聞いてみましょう。

スジェプム（手作り）

ト チャグン クン サイジュ
オプソ ヨ

# □ 날씬하다
ナル シ ナ ダ

動 スラリとしている

へヨ体
날씬해요 スラリとしています
ナル シ ネ ヨ

活用
① 날씬하 ② 날씬하 ③ 날씬해
ナルシナ　　ナルシナ　　ナルシネ

例文 ③ 丁寧
아주 날씬해요.
ア ジュ ナル シ ネ ヨ
とてもスリムです。

これを飲むと
スラリと
ナルッシナダ
날씬하다
(なるしな)!

# □ 살찌다
サル チ ダ

動 太る

へヨ体
살쪄요 太ります
サルッチョ ヨ

活用
① 살찌 ② 살찌 ③ 살쪄
サルチ　　サルチ　　サルチョ

例文 ② 理由／原因
살찌니까 조금밖에 안 먹어요.
サル チ ニッカ チョグム バッケ ア モゴ ヨ
太るから少ししか食べません。

# □ 바꾸다
パック ダ

動 変える

へヨ体
바꿔요 変えます
パックォ ヨ

活用
① 바꾸 ② 바꾸 ③ 바꿔
パック　　パック　　パックォ

例文 ① 願望
다른 걸로 바꾸고 싶어요.
タ ルン ゴル ロ パックゴ シ ポ ヨ
他のに変えたいです。

# 갈아입다
カ ラ イ プ タ

動 着替える

**ヘヨ体**
갈아입어요 着替えます
カ ラ イ ボ ヨ

**活用**
❶ 갈아입 カ ラ イ プ
❷ 갈아입으 カ ラ イ プ ウ
❸ 갈아입어 カ ラ イ ボ

**例文** ❷ 要請
이 옷으로 갈아입으세요.
イ オスロ カ ラ イ プ ウ セ ヨ
この服に着替えてください。

---

□ 족족
チョクチョク

名 しっとり ★

□ 산뜻
サン ットゥッ

名 さっぱり ★

□ 복합성피부
ポ カプソンピ ブ

名 混合肌

□ 건조피부
コンジョピ ブ

名 乾燥肌

□ 지성피부
チ ソンピ ブ

名 オイリー肌

□ 시술
シ スル

名 施術

□ 탈모
タル モ

名 脱毛

□ 속눈썹파마
ソンヌンソプ パ マ

名 まつげパーマ

□ 키
キ

名 身長

□ 체중
チェジュン

名 体重

□ 유행
ユ ヘン

名 流行 ★

□ 스탠다드
ス テン ダ ドゥ

名 定番

## 씻다
ッシッタ

**動** 洗う

**ヘヨ体**
씻어요 洗います
ッシッソヨ

**活用**
① 씻 ② 씻으 ③ 씻어
シッ　シッス　シッソ

**例文** ③ 丁寧
몸을 깨끗하게 씻어요.
モムル ッケックッタゲ ッシッソヨ
体をきれいに洗います。

風呂場を洗う
ッシッタ（シッター）さん
씻다

よーし
よーし

## 바르다
パルダ

**動** 塗る／つける

**ヘヨ体**
발라요 塗ります
パルラヨ

**活用** 〔르変則〕
① 바르 ② 바르 ③ 발라
パル　パル　パルラ

**例文** ③ 試み
이 크림을 발라 보세요.
イ クリムル パルラ ボセヨ
このクリームを塗ってみてください。

## 닦다
タクタ

**動** 拭く／磨く

**ヘヨ体**
닦아요 拭きます
タッカヨ

**活用**
① 닦 ② 닦으 ③ 닦아
タック　タックウ　タッカ

**例文** ② 要請
눈 주위를 닦으세요.
ヌン ジュウィルル タックセヨ
目の周りを拭いてください。

□ 지우다
チ ウ ダ
動 (メイクを)落とす

へヨ体
지워요
チ ウォ ョ
落とします

活用
❶ 지우
チ ウ
❷ 지우
チ ウ
❸ 지워
チ ウォ

例文 ❷ 要請
우선 화장을 지우세요.
ウ ソン フヮジャンウル チ ウ セ ヨ
まず、メイクを落としてください。

□ 밀착
ミル チャク
名 密着

□ 커버력
コ ボ リョク
名 カバー力

□ 투명감
トゥ ミョン ガ ム
名 透明感

□ 광택
クワン テ ク
名 つや

□ 매트
メ トゥ
名 マット

□ 화장품
フヮ ジャン プ ム
名 化粧品

□ 화장수
フヮ ジャンス
名 化粧水

□ 세안제
セ アン ジェ
名 洗顔料

□ 립
リ ブ
名 リップ

□ 파운데이션
パ ウン デ イ ション
名 ファンデーション

□ 마스칼라
マ ス カ ル ラ
名 マスカラ

□ 아이섀도
ア イ シェ ド
名 アイシャドー

旅行

気持ちを伝える

日常生活

美容・ファッション

趣味・エンタメ

123

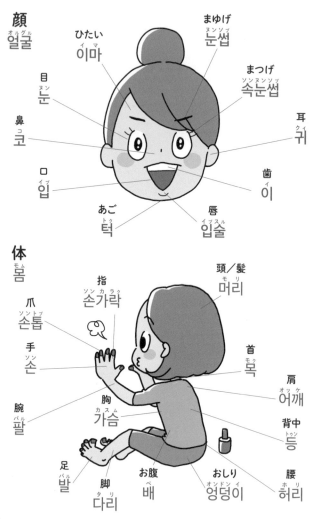

## 顔
オルグル
얼굴

- ひたい / イ マ / 이마
- まゆげ / ヌンソプ / 눈썹
- まつげ / ソンヌンソプ / 속눈썹
- 目 / ヌン / 눈
- 耳 / クィ / 귀
- 鼻 / ッコ / 코
- 歯 / イ / 이
- 口 / イプ / 입
- あご / トク / 턱
- 唇 / イプ スル / 입술

## 体
モム
몸

- 指 / ソン カ ラク / 손가락
- 頭／髪 / モ リ / 머리
- 爪 / ソントプ / 손톱
- 手 / ソン / 손
- 首 / モク / 목
- 肩 / オッ ケ / 어깨
- 腕 / パル / 팔
- 胸 / カ ス ム / 가슴
- 背中 / トゥン / 등
- 足 / パル / 발
- 脚 / タ リ / 다리
- お腹 / ベ / 배
- おしり / オンドンイ / 엉덩이
- 腰 / ホ リ / 허리

✎ MEMO

韓国語には体のパーツを使った慣用句もたくさんあります。「顔が広い」の意味の「발이 넓다」（足が広い）、「決別する・裏切る」の意味の「등을 돌리다」（背を向ける）、「すぐだ」の意味の「코 앞이다」（鼻の前だ）など覚えておくと使えますよ。

124

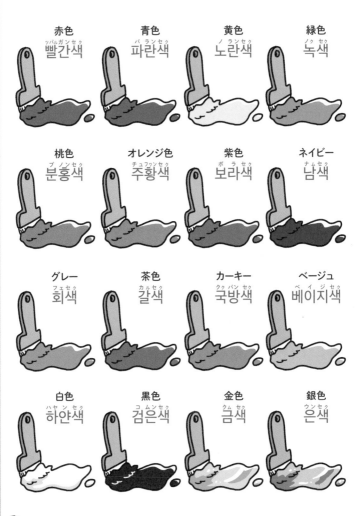

赤色
ッパルガンセク
빨간색

青色
パランセク
파란색

黄色
ノランセク
노란색

緑色
ノクセク
녹색

桃色
ブノンセク
분홍색

オレンジ色
チュファンセク
주황색

紫色
ボラセク
보라색

ネイビー
ナムセク
남색

グレー
フェセク
회색

茶色
カルセク
갈색

カーキー
ククバンセク
국방색

ベージュ
ベイジセク
베이지색

白色
ハヤンセク
하얀색

黒色
コムンセク
검은색

金色
クムセク
금색

銀色
ウンセク
은색

✎ MEMO

「色」にあたる「색」をつけて覚えましょう。ちなみに、白色は「하얀색」と「흰색」の2つの言い方があります。「하얀색」は人工的で鮮やかな"真っ白"というイメージ、「흰색」は少し灰色の混じったものまでを含む白っぽい色を表現します。

第4章では、ファッション・美容に関する単語を紹介しました。実際に買い物やエステに行ったときどのように使うのか見てみましょう。一見、難しそうに見えるセンテンスですが、これまで習った単語が必ず入っています。知っている単語を見つけて正しい訳を選んでください。

❶ 신상품 있나요? 〈シンサンプム インナヨ〉 ・
・ A 背中が痛いです。

❷ 카드로 계산할 수 있어요? 〈カドゥロ ケサナル ス イッソヨ〉 ・
・ B カード払いはできますか?

❸ 일시불로 해 주세요. 〈イルシブルロ ヘ ジュセヨ〉 ・
・ C 目を開けてください。

❹ 반품하고 싶은데요. 〈パンプマゴ シブンデヨ〉 ・
・ D 一括払いでお願いします。

❺ 등이 아파요. 〈トゥン イ アパヨ〉 ・
・ E 返品したいのですが。

❻ 눈을 떠 주세요. 〈ヌヌル ット ジュセヨ〉 ・
・ F 肌がしっとりしました。

❼ 피부가 족족해졌어요. 〈ビブガ チョクチョケ ジョッソヨ〉 ・
・ G 新商品はありますか?

答え ❶G、❷B、❸D、❹E、❺A、❻C、❼F

126

# 第 5 章

# 趣味・
エンタメで
使える
単語

□ **놀 다**
<sup>ノ ル ダ</sup>

動 遊ぶ

〔ヘヨ体〕
**놀아요** 遊びます
<sup>ノ ラ ヨ</sup>

〔活用〕〔ㄹ語幹〕
❶ 놀/노 ❷ 놀/노 ❸ 놀아
<sup>ノル ノ</sup> <sup>ノル ノ</sup> <sup>ノ ラ</sup>

〔例文〕❷ 移動の目的
**롯데월드에 놀러**
<sup>ロッ テ ウォルドゥ エ ノル ロ</sup>
**가고 싶어요.**
<sup>ガ ゴ シ ポ ヨ</sup>
ロッテワールドに遊びに行きたいです。

遊ぶおもちゃに
ノルダ（乗るだ）ろう
놀다

---

□ **세우다**
<sup>セ ウ ダ</sup>

動 立てる

〔ヘヨ体〕
**세워요** 立てます
<sup>セ ウォ ヨ</sup>

〔活用〕
❶ 세우 ❷ 세우 ❸ 세워
<sup>セ ウ</sup> <sup>セ ウ</sup> <sup>セ ウォ</sup>

〔例文〕❸ 丁寧な過去
**여행 계획을 세웠어요.**
<sup>ヨ ヘン ケ フェグル セ ウォッソ ヨ</sup>
旅行の計画を立てました。

---

□ **지키다**
<sup>チ キ ダ</sup>

動 守る

〔ヘヨ体〕
**지켜요** 守ります
<sup>チ キョ ヨ</sup>

〔活用〕
❶ 지키 ❷ 지키 ❸ 지켜
<sup>チ キ</sup> <sup>チ キ</sup> <sup>チ キョ</sup>

〔例文〕❷ 丁寧な誘いかけ
**시간을 지킵시다.**
<sup>シ ガ ヌル チ キプ シ ダ</sup>
時間を守りましょう。

## □ 권하다
クォ ナ タ

**動** 誘う/勧める

**ヘヨ体**
권해요 誘います
クォ ネ ヨ

**活用**
❶ 권하 クォ ナ
❷ 권하 クォ ナ
❸ 권해 クォ ネ

**例文** ❶ 願望
이 투어를 권하고 싶어요.
イ トゥ オ ルル クォ ナ ゴ シ ポ ヨ
このツアーを勧めたいです。

---

□ 예정
イェ ジョン
**名** 予定 ★

□ 취소
チュイ ソ
**名** 取り消し ★

□ 약속
ヤク ソク
**名** 約束 ★

□ 계획
ケ フェク
**名** 計画 ★

□ 설명
ソル ミョン
**名** 説明 ★

□ 연락
ヨ ル ラ ク
**名** 連絡 ★

□ 최신
チュエ シン
**名** 最新

□ 타이밍
タ イ ミン
**名** タイミング

□ 중요
チュン ヨ
**名** 重要 ★

□ 소중
ソ ジュン
**名** 大事 ★

□ 준비
チュン ビ
**名** 準備 ★

□ 성공
ソン ゴン
**名** 成功 ★

## 春夏秋冬
춘하주동
チュ ナ チュ ドン

- 春
  봄
  ポ ム
- 夏
  여름
  ヨ ルム
- 秋
  가을
  カ ウル
- 冬
  겨울
  キョ ウル
- 季節
  계절
  ケ ジョル
- 四季
  사계절
  サ ゲ ジョル

## 1年
일 년
イル リョン

| 1月 일월 <br>イ ル オル | 2月 이월 <br>イ ウォル | 3月 삼월 <br>サ ム オル | 4月 사월 <br>サ ウォル |
|---|---|---|---|
| 5月 오월 <br>オ ウォル | 6月 유월 <br>ユ ウォル | 7月 칠월 <br>チ ル オル | 8月 팔월 <br>パ ル オル |
| 9月 구월 <br>ク ウォル | 10月 시월 <br>シ ウォル | 11月 십일월 <br>シ ビ ル オル | 12月 십이월 <br>シ ビ ウォル |

- 年
  년
  ニョン
- 今年
  올해
  オ レ
- 去年
  작년
  チャンニョン
- 来年
  내년
  ネニョン

- 今週
  이번 주
  イ ボン チュ
- 先週
  지난주
  チ ナンジュ
- 来週
  다음 주
  タ ウム チュ
- 週末
  주말
  チュ マル

---

✎ MEMO

韓国には、「봄날」(春の日)「봄맞이」(春を迎えること)「봄볕」(春の日差し)「봄바람」
ポムナル ポン マ ジ ポンビョッ ポムッパラム
(春風)「봄비」(春雨)」といった、「봄」がつく単語がたくさんあります。韓国の冬は
ポム ビ ポム
かなり寒く長いので、春を待ち焦がれる単語が多いのかもしれないですね。

| | | | |
|---|---|---|---|
| □ 今日<br>オヌル<br>오늘 | □ 昨日<br>オジェ<br>어제 | □ 明日<br>ネイル<br>내일 | □ 一昨日<br>クジョッケ<br>그저께 |
| □ 明後日<br>モレ<br>모레 | □ 今月<br>イボンタル<br>이번 달 | □ 先月<br>チナンダル<br>지난달 | □ 来月<br>タウムタル<br>다음 달 |
| □ 毎日<br>メイル<br>매일 | □ 午前<br>オジョン<br>오전 | □ 午後<br>オフ<br>오후 | □ 朝<br>アチム<br>아침 |
| □ 昼<br>ナッ / チョムシム<br>낮 / 점심 | □ 夜<br>バム<br>밤 | □ 夕方<br>チョニョク<br>저녁 | □ 昨晩<br>オジェッバム<br>어젯밤 |

## 1週間
イルチュイル
일주일

| 日曜日<br>イリョイル<br>일요일 | 月曜日<br>ウォリョイル<br>월요일 | 火曜日<br>フヮヨイル<br>화요일 |
|---|---|---|
| 水曜日<br>スヨイル<br>수요일 | 木曜日<br>モギョイル<br>목요일 | 金曜日<br>クミョイル<br>금요일 | 土曜日<br>トヨイル<br>토요일 |

旅行

気持ちを伝える

日常生活

美容・ファッション

趣味・エンタメ

## 보다 <sub>ポ ダ</sub>
動 見る／観る

**ヘヨ体**
봐요 <sub>ポッ ヨ</sub> 見ます

**活用**
❶ 보 <sub>ポ</sub>　❷ 보 <sub>ポ</sub>　❸ 봐 <sub>ポッ</sub>

**例文 ❷ 仮定**
드라마를 보면 공부가 <sub>トゥ ラ マ ルル ポ ミョン コン ブ ガ</sub>
돼요. <sub>ドゥェ ヨ</sub>
ドラマを見れば勉強になります。

見るのはポダ 보다 (ボーダー) ライン

CHECK!

## 듣다 <sub>トゥッ タ</sub>
動 聴く／聞く／効く

**ヘヨ体**
들어요 <sub>トゥ ロ ヨ</sub> 聴きます

**活用** 〔ㄷ変則〕
❶ 듣 <sub>トゥッ</sub>　❷ 들으 <sub>トゥル ウ</sub>　❸ 들어 <sub>トゥ ロ</sub>

**例文 ❷ 仮定**
이 노래를 들으면 기분이 <sub>イ ノ レ ルル トゥル ミョン キ ブ ニ</sub>
좋아요. <sub>チョ ア ヨ</sub>
この曲を聴くと気持ちがいいです。

## 빠지다 <sub>ッパ ジ ダ</sub>
動 ハマる

**ヘヨ体**
빠져요 <sub>ッパ ジョ ヨ</sub> ハマります

**活用**
❶ 빠지 <sub>ッパ ジ</sub>　❷ 빠지 <sub>ッパ ジ</sub>　❸ 빠져 <sub>ッパ ジョ</sub>

**例文 ❸ 丁寧な過去**
이 그룹에 푹 빠졌어요. <sub>イ ク ル ベ ブク ッパジョッ ソ ヨ</sub>
このグループにどっぷりハマりました。

□ **찍다** ッチ ク タ
動 撮る

へヨ体
**찍어요** ッチ ゴ ヨ 撮ります

活用
① 찍 ッチ ク  ② 찍으 ッチ グ  ③ 찍어 ッチ ゴ

例文 ① 願望
**사진을** 같이 **찍고** 싶어요.
サ ジ ヌル カ チ ッチッ コ シ ポ ヨ
写真をいっしょに撮りたいです。

---

□ **새롭다** セ ロ プ タ
形 新しい

へヨ体
**새로워요** セ ロ ウォ ヨ 新しいです

活用 〔ㅂ変則〕
① 새롭 セ ロプ  ② 새로우 セ ロ ウ  ③ 새로워 セ ロ ウォ

例文 ② 現在連体形
또 **새로운** 드라마가
ット セ ロ ウン トゥ ラ マ ガ
나왔어요.
ナ ワッ ソ ヨ
また、新しいドラマが生まれました。

---

□ **낡다** ナ ク タ
形 古い

へヨ体
**낡아요** ナ ル ガ ヨ 古いです

活用
① 낡 ナ ク  ② 낡으 ナル グ  ③ 낡아 ナル ガ

例文 ② 現在連体形
**낡은** 옷이지만 멋있어요.
ナルグン オ シ ジ マン モ シッ ソ ヨ
古い服ですが、素敵です。

---

□ **드라마** トゥ ラ マ
名 ドラマ

□ **영화** ヨン フヮ
名 映画

□ **텔레비전** テル レ ビ ジョン
名 テレビ

□ **사진** サ ジン
名 写真

## □ 마치다
マ チ ダ

動 終わる

----

ヘヨ体

마쳐요 終わります
マ チョ ヨ

----

活用
① 마치 ② 마치 ③ 마쳐
マ チ マ チ マ チョ

----

例文 ③ 丁寧
이 콘서트는 몇 시에
イ コン ソ トゥヌン ミョッ シ エ
마쳐요 ?
マ チョ ヨ

このコンサートは何時に終わりますか？

会合が終わるのはマチダ（町田）
마치다
だった

町田

----

## □ 시작하다
シ ジャ カ ダ

動 始まる

----

ヘヨ体

시작해요 始まります
シ ジャ ケ ヨ

活用
① 시작하 ② 시작하 ③ 시작해
シ ジャ カ シ ジャ カ シ ジャ ケ

----

例文 ③ 丁寧
몇 시에 시작해요 ?
ミョッ シ エ シ ジャ ケ ヨ

何時に始まりますか？

----

## □ 지나다
チ ナ ダ

動 過ぎる

----

ヘヨ体

지나요 過ぎます
チ ナ ヨ

活用
① 지나 ② 지나 ③ 지나
チ ナ チ ナ チ ナ

----

例文 ③ 丁寧な過去
벌써 두 시간이나 지났어요.
ポル ソ トゥ シ ガ イ ナ チ ナッ ソ ヨ

もう2時間も過ぎました。

□ **만들다** マンドゥルダ
動 作る

ヘヨ体
**만들어요** マンドゥロヨ 作ります

活用 〔ㄹ語幹〕 ❶ 만들 / 만드 マンドゥル マンドゥ
❷ 만들 / 만드 マンドゥル マンドゥ ❸ 만들어 マンドゥロ

例文 ❸ 丁寧な過去
**응원 도구를 만들었어요.** ウンウォン ド グルル マンドゥ ロッソ ヨ
応援グッズを作りました。

---

□ **들어가다** トゥロガダ
動 入る

ヘヨ体
**들어가요** トゥロガヨ 入ります

活用 ❶ 들어가 トゥロガ ❷ 들어가 トゥロガ ❸ 들어가 トゥロガ

例文 ❷ 仮定
**지금 들어가면 안 돼요 ?** チグム トゥロ ガミョン アン ドゥェ ヨ
今、入ったらいけませんか?

---

□ **줄서다** チュルソダ
動 並ぶ

ヘヨ体
**줄서요** チュルソヨ 並びます

活用 ❶ 줄서 チュルソ ❷ 줄서 チュルソ ❸ 줄서 チュルソ

例文 ❸ 許諾／許容
**여기에 줄서도 돼요 ?** ヨ ギ エ チュルソ ド ドゥェ ヨ
ここに並んでもいいですか?

---

□ **반하다** パナダ
動 惚れる

ヘヨ体
**반해요** パネヨ 惚れます

活用 ❶ 반하 パナ ❷ 반하 パナ ❸ 반해 パネ

例文 ❸ 丁寧な過去
**저 가수한테 반했어요.** チョ カ ス ハンテ パ ネッソ ヨ
あの歌手に惚れました。

# □ 막히다
<sup>マ</sup>　<sup>キ</sup>　<sup>ダ</sup>

動 混む／ふさがる

[ヘヨ体]
막혀요 混みます
<sup>マ</sup> <sup>キョ</sup> <sup>ヨ</sup>

[活用]
❶ 막히 ❷ 막히 ❸ 막혀
<sup>マ キ</sup>　<sup>マ キ</sup>　<sup>マ キョ</sup>

[例文] ❶ 進行／継続
길이 많이 막히고 있어요.
<sup>キリ マニ マキゴ イッソ ヨ</sup>
だいぶ渋滞しています。

道路が混む理由は
水マキダ（撒きだ）
막히다

---

# □ 바라다
<sup>パ</sup>　<sup>ラ</sup>　<sup>ダ</sup>

動 願う

[ヘヨ体]
바라요 願います
<sup>パ</sup> <sup>ラ</sup> <sup>ヨ</sup>

[活用]
❶ 바라 ❷ 바라 ❸ 바라
<sup>パ ラ</sup>　<sup>パ ラ</sup>　<sup>パ ラ</sup>

[例文] ❶ 進行／継続
1등이 되길 바라고 있어요.
<sup>イルトゥン イ トゥェギル バ ラ ゴ イッ ソ ヨ</sup>
1位になることを願っています。

---

# □ 신청하다
<sup>シン</sup><sup>チョン</sup>　<sup>ハ</sup>　<sup>ダ</sup>

動 申し込む

[ヘヨ体]
신청해요 申し込みます
<sup>シンチョン ヘ ヨ</sup>

[活用]
❶ 신청하 ❷ 신청하 ❸ 신청해
<sup>シンチョン ハ</sup>　<sup>シンチョン ハ</sup>　<sup>シンチョン ヘ</sup>

[例文] ❸ 丁寧
다음 공연 티켓을 신청해요.
<sup>タ ウム コンヨン ティ ケ スル シンチョン ヘ ヨ</sup>
次の公演のチケットを申し込みます。

□박수
パクス
名 拍手

□노래
ノ レ
名 歌 ★

□연극
ヨングク
名 芝居

□응모
ウン モ
名 応募 ★

□추첨
チュチヨム
名 抽選 ★

□등록
トゥンノク
名 登録 ★

□사전녹화
サ ジョンノ クワ
名 事前収録

□생방송
センバンソン
名 生放送

□프로
プ ロ
名 番組

□사인회
サ イ ヌェ
名 サイン会

□집합
チ パプ
名 集合 ★

□예약
イェヤク
名 予約 ★

□송신
ソンシン
名 配信／送信 ★

□관람
クヮンラム
名 観覧 ★

□공개
コン ゲ
名 公開 ★

□녹음
ノ グム
名 録音 ★

□ **안다**
アン タ

動 抱きしめる

[ヘヨ体]
**안아요** 抱きしめます
ア ナ ヨ

[活用]
❶ 안 ❷ 안으 ❸ 안아
アン　　アン ヌ　　ア ナ

[例文] ❶ 願望
한번만 안고 싶어요.
ハンボンマン アン コ シ ポ ヨ
ちょっとだけ抱きしめたいです。

抱きしめたい！
アンタ（あんた）
안다

□ **건네다**
コン ネ ダ

動 渡す

[ヘヨ体]
**건네요** 渡します
コン ネ ヨ

[活用]
❶ 건네 ❷ 건네 ❸ 건네
コン ネ　　コン ネ　　コン ネ

[例文] ❸ 要望／命令
이 선물을 건네 주세요.
イ ソンム ルル コン ネ ジュセ ヨ
このプレゼントをお渡しください。

□ **주다**
チュ ダ

動 あげる／くれる

[ヘヨ体]
**줘요** あげます
チュォ ヨ

[活用]
❶ 주 ❷ 주 ❸ 줘
チュ　　チュ　　チュォ

[例文] ❸ 丁寧
이 티셔츠도 한 장 줘요.
イ ティショチュ ド ハン ジャン チュォ ヨ
このTシャツも一枚ください。

138

□ **춤추다**
チュムチュダ
動 踊る

ヘヨ体
**춤춰요** 踊ります
チュムチュオ ヨ

活用
① **춤추** チュムチュ
② **춤추** チュムチュ
③ **춤춰** チュムチュオ

例文 ② 丁寧な誘いかけ
**같이 춤춥시다.**
カチ チュムチュプ シ ダ
いっしょに踊りましょう。

---

□ **흔들다**
フンドゥルダ
動 (手を)振る/揺らす

ヘヨ体
**흔들어요** 振ります
フンドゥロ ヨ

活用 〔ㄹ語幹〕① **흔들 / 흔드** フンドゥル / フンドゥ
② **흔들 / 흔드** フンドゥル / フンドゥ ③ **흔들어** フンドゥロ

例文 ③ 丁寧な過去
**펜라이트를 열심히**
ペン ライ トゥルル ヨルシミ
**흔들었어요.**
フンドゥロッソ ヨ
一生懸命ペンライトを振りました。

---

□ **맞다**
マッタ
動 (目が)合う

ヘヨ体
**맞아요** 合います
マジャ ヨ

活用
① **맞** マッ
② **맞으** マジュ
③ **맞아** マジャ

例文 ③ 丁寧な過去
**아이돌과 눈이 딱 맞았어요.**
アイドルグヮ ヌ ニ ッタン マジャッソ ヨ
アイドルとちょうど目が合いました。

---

□ **악수**
アクス
名 握手 ★

□ **졸업**
チョロプ
名 卒業 ★

□ **입구**
イプ ク
名 入口

□ **출구**
チュル グ
名 出口

## あいさつ
인사
インサ

おやすみなさい
안녕히 주무세요
アンニョン ヒ チュム セ ヨ

ありがとうございます
감사합니다
カム サ ハム ニ ダ

いただきます
잘 먹겠습니다
チャル モッケッスム ニ ダ

---

□ こんにちは
안녕하세요
アンニョン ハ セ ヨ

□ お元気ですか?
잘 지내세요 ?
チャル ジ ネ セ ヨ

□ よろしくお願いいたします
잘 부탁해요
チャル ブ タ ケ ヨ

□ ごめんなさい
미안해요
ミ アン ネ ヨ

□ どういたしまして
별 말씀을요
ビョル マルスム ルリョ

□ 申し訳ございません
죄송합니다
チェソンハム ニ ダ

□ わかりません
모르겠습니다
モ ル ゲッスム ニ ダ

□ 失礼いたします
실례합니다
シル レ ハム ニ ダ

□ おいしいです
맛있어요
マ シッ ソ ヨ

□ ごちそうさまでした
잘 먹었습니다
チャル モ ゴッスム ニ ダ

□ やあ
안녕
アンニョン

□ またね
또 봐요
ット ボァ ヨ

□ すみません
저기요
チョ ギ ヨ

さようなら（見送る場合）
アンニョンヒ カ セ ヨ
안녕히 가세요

はい
ネ
네

いいえ
ア ニ ヨ
아니요

さようなら（去る場合）
アンニョンヒ ケ セ ヨ
안녕히 계세요

大丈夫です
クェ チャン ナ ヨ
괜찮아요

□ お会いできて嬉しいです
マン ナ ソ バンガプスム ニ ダ
만나서 반갑습니다

□ 私の名前は○○です
チョヌン ○ ○ イム ニ ダ
저는 ○○입니다

□ 私は日本人です
チョヌン イルボンサ ラ ミ エ ヨ
저는 일본사람이에요

□ 日本から来ました
イル ボ ネ ソ ワッ ソ ヨ
일본에서 왔어요

□ これからよろしくお願いします
ア プ ロ チャル ブ タ ケ ヨ
앞으로 잘 부탁해요

 MEMO

韓国語には時間帯によって変わる挨拶はないので、いつでも「안녕하세요」で通
じます。友だち同士だと少しくだけた言い方の「안녕」がよく使われます。ちなみに
「안녕」には「またね」の意味もあるので、別れ際でもよく耳にするフレーズです。

これを知っておくとより韓国語がわかる！

# ヒチョル式 虎の巻

発音や活用のルールがわからないと、せっかく
覚えた単語を生かせないなんてことも。ここでは
基本的なハングルやパッチムの発音のルール
と、パズルのように組み合わせて動詞＆形容詞
の活用がわかる3パターンの活用リストを掲載。
単語をより使えるものにしてください！

## 虎の巻 1 ハングルの発音のルール

　ハングル文字は「母音」と「子音」(+「子音(パッチム)」)で成り立っ
ています。発音にはルールがあり、ローマ字のように組み合わせてい
くことでその文字の発音が決まります。「母音」と「子音」の発音をよく
知り、声に出して覚えてください。

### 韓国語の母音21個の発音と使い分けを覚えよう

　母音は、**10個の基本母音**と、2つ以上の基本母音が組み合わさっ
た**11個の合成母音**に分けられます。

　基本母音は[ ㅏ ㅑ ㅓ ㅕ ㅗ ㅛ ㅜ ㅠ ㅡ ㅣ ]です。

## 基本母音の発音のポイント

| 基本母音 | 音のイメージ | 口の形 | 発音のポイント |
|---|---|---|---|
| ㅏ | ア[a] | | 日本語の「ア」に近い。日本語より口をやや大きく開ける |
| ㅑ | ヤ[ya] | | 日本語の「ヤ」に近い。ㅏの発音同様、口をやや大きく開ける |
| ㅓ | オ[ɔ] | | 日本語の「ア」の口構えで「オ」 |
| ㅕ | ヨ[yɔ] | | 日本語の「ヤ」の口構えで「ヨ」 |
| ㅗ | オ[o] | | 口をつぼめて、はっきりとした「オ」 |
| ㅛ | ヨ[yo] | | 口をつぼめて、はっきりとした「ヨ」 |
| ㅜ | ウ[u] | | 口をつぼめて、はっきりとした「ウ」 |
| ㅠ | ユ[yu] | | 口をつぼめて、はっきりとした「ユ」 |
| ㅡ | ウ[ɯ] | | 口を横に「イ」の形に引いて「ウ」 |
| ㅣ | イ[i] | | 日本語の「イ」 |

合成母音は［ㅐ ㅒ ㅔ ㅖ ㅘ ㅙ ㅚ ㅝ ㅞ ㅟ ㅢ］です。

## 合成母音の発音のポイント

| 合成母音の成り立ち | ㅐ = ㅏ + ㅣ | ㅒ = ㅑ + ㅣ | ㅔ = ㅓ + ㅣ |
|---|---|---|---|
| 音のイメージ | 「エ」[ɛ] | 「イエ」[yɛ] | 「エ」[e] |

| ㅖ = ㅕ + ㅣ | ㅘ = ㅗ + ㅏ | ㅙ = ㅗ + ㅏ + ㅣ | ㅚ = ㅗ + ㅣ |
|---|---|---|---|
| 「イエ」[ye] | 「ワ」[wa] | 「ウェ」[wɛ] | 「ウェ」[we] |

| ㅝ = ㅜ + ㅓ | ㅞ = ㅜ + ㅓ + ㅣ | ㅟ = ㅜ + ㅣ | ㅢ = ㅡ + ㅣ |
|---|---|---|---|
| 「ウォ」[wɔ] | 「ウェ」[we] | 「ウィ」[wi] | 「ウイ」[ɯi] |

これら母音に子音を組み合わせるとハングルの完成です。

**子音は3種に分けて覚える。違いは息の強さ！**

　子音は、平音が［ㄱ　ㄴ　ㄷ　ㄹ　ㅁ　ㅂ　ㅅ　ㅇ　ㅈ］の9個、息を強く吐きながら破裂させるように発音する激音が［ㅊ　ㅋ　ㅌ　ㅍ　ㅎ］の5個、息を吐かずに少しのどが詰まる感じでしぼり出して発音する濃音が［ㄲ　ㄸ　ㅃ　ㅆ　ㅉ］の5個あります。

　息の強さは、**激音 ＞ 平音 ＞ 濃音**の順です。

　平音のㄱは「カ／ガ」行［k/g］、ㄴは「ナ」行［n］、ㄷは「タ／ダ」行［t/d］、ㄹは「ラ」行［r/l］、ㅁは「マ」行［m］、ㅂは「パ／バ」行［p/b］、ㅅは「サ」行［s］、ㅇは「ア」行、ㅈは「チャ／ジャ」行［ʧ/ʤ］の音で発音します。

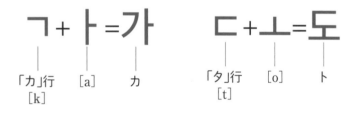

ㄱ ＋ ㅏ ＝ 가
「カ」行　［a］　　カ
［k］

ㄷ ＋ ㅗ ＝ 도
「タ」行　［o］　　ト
［t］

　激音のㅊは「チャ」行［ʧʰ］、ㅋは「カ」行［kʰ］、ㅌは「タ」行［tʰ］、ㅍは「パ」行［pʰ］、ㅎは「ハ」行［h］の音で、濃音のㄲは「ッカ」行［ʔk］、ㄸは「ッタ」行［ʔt］、ㅃは「ッパ」行［ʔp］、ㅆは「ッサ」行［ʔs］、ㅉは「ッチャ」行［ʔʧ］の音で発音します。

　激音は「ティッシュ」の「ティ」のような音、濃音は「さっき」の「っき」のような音です。

　150ページに掲載しているのは、日本語の「あいうえお」一覧表にあたるハングル早見表です。読めないハングルがありましたら調べてみましょう。

パッチムの種類と発音をマスターする

　母音のあとにきて、音節の最後の音を構成する子音を「パッチム」と呼びます。

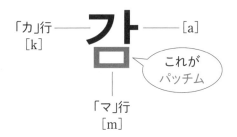

「カ」行——[a]
[k]

これがパッチム

「マ」行
[m]

　子音の「ㄱ」と母音の「ㅏ」を組み合わせた「가」に、マ行を表す「ㅁ」を加えて読むと、「감」[kam]=「カム」という読み方になります。

### 基本的なパッチム

| パッチムに使われる文字 | 発音 |
| --- | --- |
| ㄱ　ㅋ　ㄲ | 小さく「ク」をつける[k] |
| ㄷ　ㅌ　ㅅ　ㅆ　ㅈ　ㅊ　ㅎ | 小さく「ッ」をつける[t] |
| ㅂ　ㅍ | 小さく「プ」をつける[p] |
| ㅇ | 日本語の「ン」[ŋ] |
| ㄴ | 日本語の「ン」[n] |
| ㅁ | 小さく「ム」をつける[m] |
| ㄹ | 小さく「ル」をつける[l] |

　16個の基本的なパッチム以外に、[ㄳ　ㄵ　ㄶ　ㄺ　ㄻ　ㄼ　ㄽ　ㄾ　ㄿ　ㅀ　ㅄ]といったパッチムが複合したものが全部で11個あります。ㅀ は、많다（多い）という単語で登場したから見覚えがありますね。パッチムはすべて母音のうしろにつけます。

145

# ＼ヒチョル式／ 動詞・形容詞の3パターン活用

　16〜19ページで紹介したように、動詞と形容詞には活用があります。その活用は、「3つのパターン」と「語尾の組み合わせ」で表すことができます。動詞も形容詞もルールは同じです。語幹の最後にパッチムがあるかないかで活用が変わります。

　3パターンで簡単に思いを伝えられるので、覚えておくとかなり便利です。

| | | 基本形 | 日本語 | 語幹 | 活用形❶ | 活用形❷ | 活用形❸ |
|---|---|---|---|---|---|---|---|
| 動詞 | 母音語幹（語幹の最後にパッチムがない） | 가다 (カ ダ) | 行く | 가 (カ) | 가 (カ) | 가 (カ) | 가 (カ)※ (←가아) |
| | 子音語幹（語幹の最後にパッチムがある） | 먹다 (モク ダ) | 食べる | 먹 (モク) | 먹 (モク) | 먹으 (モ グ) | 먹어 (モ ゴ) |
| 形容詞 | 母音語幹（語幹の最後にパッチムがない） | 비싸다 (ピッサ ダ) | 高い | 비싸 (ピッサ) | 비싸 (ピッサ) | 비싸 (ピッサ) | 비싸 (ピッサ)※ (←비싸아) |
| | 子音語幹（語幹の最後にパッチムがある） | 맛있다 (マ シッ タ) | 美味しい | 맛있 (マ シッ) | 맛있 (マ シッ) | 맛있으 (マ シッ ス) | 맛있어 (マ シッ ソ) |

3パターン活用表のルール

**語　　幹**…語尾の다を取ったもの
**活用形❶**…語幹と同じ
**活用形❷**…母音語幹は語幹と同じ、子音語幹は으をつける
**活用形❸**…語幹の最後の文字の母音が ㅏㅑㅗ の場合は
　　　　　　語幹+아、それ以外は語幹+어

※活用形❸は、「가」の語幹のみに見えますが、実は「가아」が縮約されたものです。縮約とは、語幹の最後の文字が「ㅏ」や「ㅓ」などの母音で終わる場合、その後の文字に「ㅏ」や「ㅓ」がついていると音が短縮されることです。「가아」の場合、「가」の「ㅏ」と「아」の「ㅏ」が重なり、短縮されて「가」になっています。

## 「語尾リスト」と「単語リスト」を組み合わせる

それぞれの活用で**よく使われるもの**を集めました。ここから伝えたい表現を選び、本書の単語帳の動詞&形容詞の活用形❶❷❸のどれに当てはまるかを調べて組み合わせてください。パズルのようにその表現を伝えることができます。

**例** 「行く」→「行きたい」という願望を伝える表現に変えたい場合

ステップ
1
: 147〜149ページの「語尾リスト」動詞活用形❶〜❸、
形容詞活用形❶〜❸のなかから、自分が使いたい表現を見つける
動詞 活用形❶「〜したいです」 ❶ + 고 싶어요
　　　　　　　　　　　　　　　　　　　　コ シ ボ ヨ

ステップ
2
: 本書の単語帳から、「行く」가다の活用形を調べる
❶가
　カ

ステップ
3
: ステップ2と1を組み合わせる
가 + 고 싶어요 → 「가고 싶어요」(行きたいです)
カ　コ シ ボ ヨ　　　カ ゴ シ ボ ヨ

### 語尾リスト …動詞 活用形❶

| 日本語 | | 韓国語 |
|---|---|---|
| 〜したいです | 願望 | ❶ + 고 싶어요 |
| 〜して | 羅列／順序 | ❶ + 고 |
| 〜しています | 進行／継続 | ❶ + 고 있어요 |
| 〜しないでください | 禁止の命令 | ❶ + 지 마세요 |
| 〜します | 自分の意志／推測 | ❶ + 겠습니다 |
| 〜する(名詞)〜 | 現在連体形 | ❶ + 는 |
| 〜することに | 決心 | ❶ + 기로 |

| 日本語 | | 韓国語 |
|---|---|---|
| 〜した | 過去連体形 | ❷ + ㄴ |
| 〜しましょう | 丁寧な誘いかけ | ❷ + ㅂ시다 |
| 〜しますか | 丁寧な疑問 | ❷ + 세요? |
| 〜すると／〜するので | 理由／原因 | ❷ + 니까 |
| 〜すれば | 仮定 | ❷ + 면 |
| 〜してください | 要請 | ❷ + 세요 |
| 〜しに | 移動の目的 | ❷ + 러 |

語尾リスト ···動詞 活用形❸

| 日本語 | | 韓国語 |
|---|---|---|
| 〜してください | 要望／命令 | ❸ + 주세요 |
| 〜してみてください | 試み | ❸ + 보세요 |
| 〜しても | 許諾／許容 | ❸ + 도 |
| 〜しました | 丁寧な過去 | ❸ + 써어요 |
| 〜します | 丁寧 | ❸ + 요 |
| 〜しません | 否定 | 안 + ❸ + 요 |
| 〜することができません | 不可能 | 못 + ❸ + 요 |

ただ単語の中には変則的に活用する単語が7種類あります。語幹が「ㄷ」「ㅂ」「ㄹ」「ㅡ」「ㄹ」で
終わるもの、「ㅅ」で終わる動詞の一部、「ㅎ」で終わる形容詞などがそれにあたるので注意が必要です。

- ㄷ変則…語幹が「ㄷ」で終わる動詞の一部。うしろに母音がきた場合、「ㄷ」が「ㄹ」に変わります。
- ㅂ変則…語幹が「ㅂ」で終わるもの。うしろに「으」がきた場合、「「ㅂ」と「으」が合わさって「우」に、「아/어」がきた場合、「ㅂ」と「아/어」が合わさって「워」に変わります。
- ㄹ変則…語幹が「ㄹ」で終わるもの。うしろに「아/어」がきた場合、「ㄹ」の前の文字が陽母音の場合は「ㄹ라」、陰母音の場合は「ㄹ러」になります。
- ㅡ変則…語幹が「ㅡ」で終わるもの。うしろに「아/어」がきた場合、「ㅡ」がなくなります。
- ㄹ語幹…語幹が「ㄹ」で終わるもの。うしろに「ㄴ」「ㅂ」「ㅅ」がきた場合、「ㄹ」がなくなります。
- ㅅ変則…語幹が「ㅅ」で終わる動詞の一部。うしろに母音がきた場合、「ㅅ」がなくなります。
- ㅎ変則…語幹が「ㅎ」で終わる形容詞(「좋다」以外)。
  うしろに「ㄴ」「ㄹ」「ㅁ」「ㅅ」「ㅇ」がきた場合、「ㅎ」がなくなります。

148

**語尾リスト** …形容詞 活用形❶

| 日本語 | | 韓国語 |
|---|---|---|
| ～けど | 逆接 | ❶ + 지만 |
| ～そうです／～でしょう | 推測 | ❶ + 겠습니다 |
| ～で／～く | 羅列／順序 | ❶ + 고 |
| ～でしょう? | 誘いかけ／同意／確認 | ❶ + 죠? |
| ～ですね | 感嘆／同意 | ❶ + 네요 |
| ～なくてもいいです | 許容条件 | ❶ + 지 않아도 돼요 |

**語尾リスト** …形容詞 活用形❷

| 日本語 | | 韓国語 |
|---|---|---|
| ～から／～ので | 理由／原因 | ❷ + 니까 |
| ～ければ | 仮定 | ❷ + 면 |
| ～ですか? | 丁寧な質問 | ❷ + 세요? |
| ～とき | 進行 | ❷ + ㄹ 때 |
| ～の(名詞) | 現在連体形 | ❷ + ㄴ |
| ～ようです | 現在の推測 | ❷ + ㄴ 것 같다 |

**語尾リスト** …形容詞 活用形❸

| 日本語 | | 韓国語 |
|---|---|---|
| ～ありません | 否定 | 안 + ❸ + 요 |
| ～かったです | 丁寧な過去 | ❸ + ㅆ어요 |
| ～です | 丁寧 | ❸ + 요 |
| ～ても | 条件 | ❸ + 도 |
| ～なければなりません | 義務／使役 | ❸ + 야 돼요 |
| ～ので／～から | 理由／原因 | ❸ + 서 |

| 子音＼母音 | 基本母音 ||||||||| |
|---|---|---|---|---|---|---|---|---|---|---|
| | ㅏ[a] | ㅑ[ya] | ㅓ[ɔ] | ㅕ[yɔ] | ㅗ[o] | ㅛ[yo] | ㅜ[u] | ㅠ[yu] | ㅡ[ɯ] | ㅣ[i] |
| 平音 ㄱ[k/g] | カ 가 | キャ 갸 | コ 거 | キョ 겨 | コ 고 | キョ 교 | ク 구 | キュ 규 | ク 그 | キ 기 |
| ㄴ[n] | ナ 나 | ニャ 냐 | ノ 너 | ニョ 녀 | ノ 노 | ニョ 뇨 | ヌ 누 | ニュ 뉴 | ヌ 느 | ニ 니 |
| ㄷ[t/d] | タ 다 | ティャ 댜 | ト 더 | ティョ 뎌 | ト 도 | ティョ 됴 | トゥ 두 | ティュ 듀 | トゥ 드 | ティ 디 |
| ㄹ[r] | ラ 라 | リャ 랴 | ロ 러 | リョ 려 | ロ 로 | リョ 료 | ル 루 | リュ 류 | ル 르 | リ 리 |
| ㅁ[m] | マ 마 | ミャ 먀 | モ 머 | ミョ 며 | モ 모 | ミョ 묘 | ム 무 | ミュ 뮤 | ム 므 | ミ 미 |
| ㅂ[p/b] | パ 바 | ピャ 뱌 | ポ 버 | ピョ 벼 | ポ 보 | ピョ 뵤 | プ 부 | ピュ 뷰 | プ 브 | ピ 비 |
| ㅅ[s/ʃ] | サ 사 | シャ 샤 | ソ 서 | ショ 셔 | ソ 소 | ショ 쇼 | ス 수 | シュ 슈 | ス 스 | シ 시 |
| ㅇ[Ø] | ア 아 | ヤ 야 | オ 어 | ヨ 여 | オ 오 | ヨ 요 | ウ 우 | ユ 유 | ウ 으 | イ 이 |
| ㅈ[ʧ/ʤ] | チャ 자 | チャ 쟈 | チョ 저 | チョ 져 | チョ 조 | チョ 죠 | チュ 주 | チュ 쥬 | チュ 즈 | チ 지 |
| 激音 ㅊ[ʧʰ] | チャ 차 | チャ 챠 | チョ 처 | チョ 쳐 | チョ 초 | チョ 쵸 | チュ 추 | チュ 츄 | チュ 츠 | チ 치 |
| ㅋ[kʰ] | カ 카 | キャ 캬 | コ 커 | キョ 켜 | コ 코 | キョ 쿄 | ク 쿠 | キュ 큐 | ク 크 | キ 키 |
| ㅌ[tʰ] | タ 타 | ティャ 탸 | ト 터 | ティョ 텨 | ト 토 | ティョ 툐 | トゥ 투 | ティュ 튜 | トゥ 트 | ティ 티 |
| ㅍ[pʰ] | パ 파 | ピャ 퍄 | ポ 퍼 | ピョ 펴 | ポ 포 | ピョ 표 | プ 푸 | ピュ 퓨 | プ 프 | ピ 피 |
| ㅎ[h] | ハ 하 | ヒャ 햐 | ホ 허 | ヒョ 혀 | ホ 호 | ヒョ 효 | フ 후 | ヒュ 휴 | フ 흐 | ヒ 히 |
| 濃音 ㄲ[ʔk] | ッカ 까 | ッキャ 꺄 | ッコ 꺼 | ッキョ 껴 | ッコ 꼬 | ッキョ 꾜 | ック 꾸 | ッキュ 뀨 | ック 끄 | ッキ 끼 |
| ㄸ[ʔt] | ッタ 따 | ッティャ 땨 | ット 떠 | ッティョ 뗘 | ット 또 | ッティョ 뚀 | ットゥ 뚜 | ッティュ 뜌 | ットゥ 뜨 | ッティ 띠 |
| ㅃ[ʔp] | ッパ 빠 | ッピャ 뺘 | ッポ 뻐 | ッピョ 뼈 | ッポ 뽀 | ッピョ 뾰 | ップ 뿌 | ッピュ 쀼 | ップ 쁘 | ッピ 삐 |
| ㅆ[ʔs] | ッサ 싸 | ッシャ 쌰 | ッソ 써 | ッショ 쎠 | ッソ 쏘 | ッショ 쑈 | ッス 쑤 | ッシュ 쓔 | ッス 쓰 | ッシ 씨 |
| ㅉ[ʔʧ] | ッチャ 짜 | ッチャ 쨔 | ッチョ 쩌 | ッチョ 쪄 | ッチョ 쪼 | ッチョ 쬬 | ッチュ 쭈 | ッチュ 쮸 | ッチュ 쯔 | ッチ 찌 |

薄い文字は、特殊な外来語の表記や発音の表記などを除いては実際にはほとんど使われることはありません。

## 合成母音

| ㅐ [ɛ] | ㅒ [yɛ] | ㅔ [e] | ㅖ [ye] | ㅘ [wa] | ㅙ [wɛ] | ㅚ [we] | ㅝ [wɔ] | ㅞ [we] | ㅟ [wi] | ㅢ [ɯi] |
|---|---|---|---|---|---|---|---|---|---|---|
| 개 | 걔 | 게 | 계 | 과 | 괘 | 괴 | 궈 | 궤 | 귀 | 긔 |
| 내 | 냬 | 네 | 녜 | 놔 | 놰 | 뇌 | 눠 | 눼 | 뉘 | 늬 |
| 대 | 댸 | 데 | 뎨 | 돠 | 돼 | 되 | 둬 | 뒈 | 뒤 | 듸 |
| 래 | 럐 | 레 | 례 | 롸 | 뢔 | 뢰 | 뤄 | 뤠 | 뤼 | 릐 |
| 매 | 먜 | 메 | 몌 | 뫄 | 뫠 | 뫼 | 뭐 | 뭬 | 뮈 | 믜 |
| 배 | 뱨 | 베 | 볘 | 봐 | 봬 | 뵈 | 붜 | 붸 | 뷔 | 븨 |
| 새 | 섀 | 세 | 셰 | 솨 | 쇄 | 쇠 | 숴 | 쉐 | 쉬 | 싀 |
| 애 | 얘 | 에 | 예 | 와 | 왜 | 외 | 워 | 웨 | 위 | 의 |
| 재 | 쟤 | 제 | 졔 | 좌 | 좨 | 죄 | 줘 | 줴 | 쥐 | 즤 |
| 채 | 챼 | 체 | 쳬 | 촤 | 쵀 | 최 | 춰 | 췌 | 취 | 츼 |
| 캐 | 컈 | 케 | 켸 | 콰 | 쾌 | 쾨 | 쿼 | 퀘 | 퀴 | 킈 |
| 태 | 턔 | 테 | 톄 | 톼 | 퇘 | 퇴 | 퉈 | 퉤 | 튀 | 틔 |
| 패 | 퍠 | 페 | 폐 | 퐈 | 퐤 | 푀 | 풔 | 풰 | 퓌 | 픠 |
| 해 | 햬 | 헤 | 혜 | 화 | 홰 | 회 | 훠 | 훼 | 휘 | 희 |
| 깨 | 꺠 | 께 | 꼐 | 꽈 | 꽤 | 꾀 | 꿔 | 꿰 | 뀌 | 끠 |
| 때 | 떄 | 떼 | 뗴 | 똬 | 뙈 | 뙤 | 뚸 | 뛔 | 뛰 | 띄 |
| 빼 | 뺴 | 뻬 | 뼤 | 뽜 | 뽸 | 뾔 | 뿨 | 쀄 | 쀠 | 쁴 |
| 쌔 | 썌 | 쎄 | 쎼 | 쏴 | 쐐 | 쐬 | 쒀 | 쒜 | 쒸 | 씌 |
| 째 | 쨰 | 쩨 | 쪠 | 쫘 | 쫴 | 쬐 | 쭤 | 쮀 | 쮜 | 쯰 |

# INDEX 本書に出てきた語句を、五十音順に並べています

**157**

159

**著者 チョ・ヒチョル**

日本薬科大学韓国薬学コース客員教授。ハングル普及会「お、ハングル!」主宰。元東海大学教授。NHK「テレビでハングル講座」(2009〜2010年度)講師。著書に『1時間でハングルが読めるようになる本』『マンガでわかる!1時間でハングルが読めるようになる本』『3語で韓国語会話ができる本』『1日でハングルが書けるようになる本』『ヒチョル式韓国語単語がわかる本』(すべてGakken)、『本気で学ぶ韓国語』(ベレ出版)『ヒチョル先生の ひとめでわかる 韓国語 きほんのきほん』(高橋書店)など多数。

**超シンプル! 超ラク!**
# ヒチョル式
# 韓国語単語が
# わかる本

| | |
|---|---|
| 著者 | チョ・ヒチョル |
| ブックデザイン | 高橋コウイチ(WF) |
| DTP | アスラン編集スタジオ |
| 編集 | 玉置晴子 |
| イラスト | 春原弥生 |
| 校正 | オー・スヒョン |